WIR BÜRGERSTIFTER

von Stefan Nährlich und Gudrun Sonnenberg (Herausgeber)

1. Auflage 2017

© Deutscher Genossenschafts-Verlag eG, Leipziger Str. 35, 65191 Wiesbaden (2017)

Druck und Verarbeitung: Görres-Druckerei und Verlag GmbH, Neuwied

Art.-Nr. 960 092 **DG** VERLAG
ISBN 978-3-87151-190-5

Gliederung

3

Teil 2: Bürgerstifter werden:

Wie und wo geht das? 119

Anhang 153

Vorwort

Liebe Leserinnen und Leser,

was versteht man im Allgemeinen unter den Begriffen „Ehrenamt", „Freiwilligentätigkeit" oder „Soziales Engagement"? Folgt man der einschlägigen Literatur, handelt es sich dabei im ursprünglichen Sinne um das Engagement im öffentlichen Raum. Hervorgerufen durch altruistische Motive leisten Einzelpersonen oder Gruppen freiwillig und unentgeltlich Arbeit im Sinne der Gemeinschaft.

Das klingt alles sehr theoretisch. Was bedeuten diese Begriffe ganz persönlich für mich? Ich sehe dahinter ein allumfassendes „Bürgerschaftliches Engagement", das im Rahmen von Bürgerstiftungen initiiert, getragen und gefördert wird. Und Bürgerstiftung bedeutet nichts anderes als Engagement von Bürgern für Bürger. Der Erfolg bestätigt das Modell: Mehr als 45.000 Stifter, Stifterinnen und Ehrenamtliche engagieren sich mit einer lokalen Bürgerstiftung für ihre Stadt, Gemeinde oder Region. Und über 30.000 Stifter engagieren sich finanziell – als Gründungsstifter, mit Zustiftungen oder einer eigenen Stiftung.

Die Idee dahinter ist simpel: Bürger engagieren sich vor der eigenen Haustür, im direkten Lebensumfeld, fördern Kultur, Bildung, Integration, soziale Initiativen, kümmern sich um Kinderspielplätze, Grünanlagen, Naturschutz und vieles mehr. Die Motive der Stifter und der Ehrenamtlichen sind so vielfältig wie der jeweilige Stiftungszweck selbst. Allen gemein ist jedoch der persönliche Wunsch, sich für die eigene Region und die Mitmenschen einzusetzen. Es ist das originäre Wesen einer Bürgerstiftung, dass Menschen sich zusammenfinden, um gemeinsam etwas zu bewegen. Das Instrument der Bürgerstiftung erlaubt es uns, die eigenen Vorstellungen der Förderung konsequent und in Eigenverantwortung zu verwirklichen.

Als Vorstandsvorsitzender der Aktiven Bürgerschaft war es von Anfang an mein Antrieb, Dinge verändern zu wollen: Etwas zu bewegen, aktiv mitzugestalten und mitzubestimmen. Die Zeit, das Geld und die Ideen, die man in eine Bürgerstiftung einbringt, sind nicht zwingend immer dem eigenen Pflichtgefühl oder dem Gemeinsinn geschuldet – oftmals ist es die reine Freude an der Arbeit – für und in der Region, für und mit den Menschen. Aus diesem Grund habe ich zusammen mit 37 Bürgern und der Volksbank Mittelhessen vor zehn Jahren die Bürgerstiftung Mittelhessen ins Leben gerufen, um gesellschaftliche Vorhaben zu fördern, die im Interesse der Region und ihrer Bürger liegen.

In diesem Buch möchten wir Ihnen, liebe Leserinnen und Leser, dreizehn Stifter und ihre Projekte vorstellen. Die Stifter, die ansonsten im Stillen wirken, erzählen in diesem Werk ihre ganz persönlichen Geschichten und lassen uns an ihrer Leidenschaft teilhaben, die sie täglich antreibt. Ohne ihren unermüdlichen Einsatz wären viele Erfolgsgeschichten des sozialen und öffentlichen Lebens kaum denkbar. Für ihr außerordentliches Engagement und ihren Einsatz möchten wir mit diesem Werk „Danke" sagen.

Liebe Leserinnen und Leser, ich wünsche Ihnen eine interessante Lektüre und erhoffe mir, den einen oder anderen Funken der Inspiration in Ihnen zünden zu können.

Ihr

Dr. Peter Hanker

Einleitung

Wer in Deutschland die Diskussionen um Engagement verfolgt, läuft Gefahr, verwirrt zurückzubleiben: Auf der einen Seite beklagen Hilfsorganisationen von der Feuerwehr über die Kirchen bis hin zu Wohlfahrtsverbänden, dass es ihnen an Nachwuchs fehle. Sie brauchen Menschen, die bereit sind, freiwillig, regelmäßig und ehrenamtlich Zeit und auch Geld für ihre Organisation zu geben, und anscheinend mangelt es daran. Auf der anderen Seite jedoch sind Jubel und Begeisterung zu vernehmen wegen der vielen einsatzbereiten Bürger, die massenhaft zur Stelle sind, wenn es nottut. Spektakulär war die Mobilisierung freiwilliger Hilfe nicht erst, als die Flüchtlinge nach Deutschland kamen. Auch vorher schon straften etwa bei Flutkatastrophen entlang der Elbe freiwillige Helfer jene Kritiker Lügen, die am Gemeinsinn der Bevölkerung zweifelten.

Wie auch immer man die Widersprüche bewertet: Festzustellen ist, dass es nicht an Hilfsbereitschaft mangelt; was das Land braucht, sind nicht neue Bürger. Sondern es braucht neue Formen für das Engagement. Die herkömmlichen Vereins- und Stiftungsstrukturen in den Städten, Gemeinden und Regionen decken nicht mehr alleine ab, was das Engagement heute erfordert. Das Bedürfnis der Menschen, selbst zu bestimmen, wo und wie sie helfen, ist offensichtlich gewachsen. Es ist schon länger nicht mehr selbstverständlich, sich dort zu engagieren, wo schon die Eltern oder Geschwister, Freunde oder Arbeitskollegen aktiv waren. Eine große Hilfsorganisation ist nicht mehr per se „gut". Wer Geld oder Zeit spendet, möchte wissen und vielleicht auch beeinflussen, was damit passiert. Wer sich engagiert, will meist etwas Konkretes und Praktisches tun und nicht erst Ratgeber über Steuerrecht und Abgabenordnung lesen oder sich mit Verfahrensfragen und Tagesordnungspunkten beschäftigen. Wer aktiv wird, fragt sich irgendwann, wie das, was er begonnen hat, auch langfristig und nachhaltig wirkt.

Für das bürgerschaftliche Engagement ist das eine Herausforderung. Es ist aber auch eine Chance, denn wer den Menschen Raum gibt für eigene

Ideen, erntet erstens Kreativität und zweitens ein Engagement, das ernsthaft und überzeugt ist und auch dann noch trägt, wenn es schwierig wird.

Was lange offen blieb, war die Frage, wie man beides zusammenbringt: Spontaneität und Kontinuität, individuelles und gemeinsames Handeln, kleine Beiträge und große Wirkungen. In einer zunehmenden Anzahl von Orten in Deutschland und für eine wachsende Zahl von Menschen sind genau dafür Bürgerstiftungen die richtige Antwort. „Bürger... was?", fragt noch so mancher, der den Begriff zum ersten Mal hört. Weitgehend unbeachtet von der großen Öffentlichkeit hat sich seit 1996, dem Jahr der Gründung der ersten Bürgerstiftung, eine Welt entwickelt, die vielen unterschiedlichen Menschen eine Heimat bietet für ihr Engagement. Man muss es als Erfolgsgeschichte bezeichnen: mehr als 300 Millionen Euro Stiftungskapital haben die Bürgerstiftungen in Deutschland, wenn man all ihr Geld zusammenzählt. Und die Zahl ihrer Stifter und Aktiven liegt bei rund 50.000 – damit sind diejenigen, die sich informell bei der Bürgerstiftung engagieren, noch gar nicht mitgezählt.

Doch wer sind diese Menschen? Wie die Bürgerstiftungen selbst, tauchen ihre Aktiven und ihre Stifter und Zustifter selten in den Schlagzeilen großer Medien auf. Das liegt, paradoxerweise, an der großen Stärke dieses Stiftungsmodells: Bürgerstiftungen wirken in der Region, vor Ort in der Kommune. In Sachen mediale Aufmerksamkeit mag es ein Nachteil sein, dass die Aktivitäten räumlich begrenzt wirken. Für die Arbeit selbst ist es von Vorteil. Denn das Engagement in und um Bürgerstiftungen findet genau dort statt, wo die Bürger sind. Dort, wo Menschen ihre Nachbarn und ihre Umgebung kennen. Wo sie selbst sehen, ob und woran es hapert und eigene Ideen entwickeln können, wie die Probleme zu lösen und das Leben in der Gemeinschaft zu verbessern sind. Davon nämlich lebt die Bürgerstiftung. Ihr Motto „Bürger für Bürger" funktioniert nur, wenn die Menschen sich begegnen können – eben vor Ort.

Dieser regionale Bezug ermöglicht auf der anderen Seite auch die Freiheit, eigene Ideen sachbezogen zu verfolgen, ohne sich einem politischen Überbau verpflichten zu müssen. Das macht die Bürgerstiftung für viele Menschen besonders attraktiv: Es gibt kein politisches oder weltanschauliches Programm, keine Parteien oder Religionen, denen man sich zuzu-ordnen hat. Sondern eine Satzung und einen Stiftungszweck, der sehr breit gefächert ist und eben der Region dient. Wer sich mit Bürgerstiftern über ihre Motive unterhält, bekommt immer wieder zu hören, dass genau diese Freiheit der Grund ist, zur Bürgerstiftung zu gehen. „Hier kann ich mein eigenes Ding machen", heißt es dann.

Bei diesen „eigenen Dingen" handelt es sich um Projekte für Kinder, Pa-tenschaften für Geflüchtete, Sprachunterricht, Kulturprojekte, Leseför-derung, Fahrdienste für ältere Menschen, Ausbildungsförderung – eben alles, was für das Zusammenleben vor Ort wichtig ist und das Bürger für Bürger tun können. Wenn es um Stifter geht, dominieren ja meist diejeni-gen die öffentliche Wahrnehmung, die mit großen Vermögen ans Werk gehen. Wer sich in einer Bürgerstiftung engagiert, geht meist in kleinerem Maßstab ans Werk. Er kann zwar auch vermögend sein. Er kann aber auch in bescheidenen Verhältnissen leben, kann viel oder wenig Zeit haben, kann sich individuell oder in einer Gruppe betätigen: Die Bürgerstiftung entstand als Konzept aus der Praxis heraus, damit viele Menschen auch ohne besondere Voraussetzungen zu Stiftern werden können. Für Men-schen, die mitmachen wollen, und Menschen, die selber machen wollen. Manche spenden ihre Zeit oder fördern ein Projekt, andere verwirklichen als Zustifter unter dem Dach der Bürgerstiftung eigene Vorhaben.

Dieses Buch stellt dreizehn Bürgerstifter vor: Menschen, die sich nicht nur mit Ideen und Zeit in einer Bürgerstiftung engagieren, sondern auch mit Geld. Entweder als Zustifter direkt in der Bürgerstiftung oder in einer eige-nen Partnerstiftung unter dem Dach der Bürgerstiftung. Von der sie erzäh-len, warum und wie sie zur Bürgerstiftung kamen, und was sie mit ihrem jeweiligen Projekt oder Engagement erreichen wollen. Doch darüber hin-aus geben sie auch Einblicke in ihre Biographie, berichten über prägende Erfahrungen und eindrückliche Erlebnisse ebenso wie über das, was sie gelernt haben, und die Kenntnisse, die sie in ihre jeweiligen speziellen Projekte geführt haben. Manchmal sind es politische Überzeugungen, manchmal persönliche Begegnungen, die das Engagement auslösen. Bei anderen wiederum mündet eine langjährige berufliche Tätigkeit in das Engagement bei der Bürgerstiftung. Manche möchten politisch etwas in ihrer Gemeinde verändern. Andere betten ihr Engagement in größere gesellschaftliche Zusammenhänge ein, etwa, wenn sie sich im Kinderschutz engagieren oder um Flüchtlinge sorgen. Einige Stifter haben aus ihrer beruflichen Kompetenz heraus Projekte entwickeln, beispielsweise in der pharmazeutischen Forschung für Babies. Die meisten der Porträtierten sind in ihrer zweiten Lebenshälfte zur Bürgerstiftung gekommen. Das hat etwas mit den individuellen Lebensläufen und dem Wohlstand zu tun, der zumindest für manche Zustiftungen eine Rolle spielt. Es resultiert aber auch aus dem Wunsch, als Stifter etwas Bleibendes zu schaffen, das über die eigene Lebenszeit hinaus wirksam bleibt. Diesem Gedanken sehen die meisten Menschen wohl erst mit etwas Lebenserfahrung ins Gesicht.

Die Lebensgeschichten der Stifter stehen für viele andere, die von außen betrachtet meist „ganz normal" leben. Sie zeigen, wie interessant das „Normale" in Wirklichkeit ist. Außerdem zeigen sie, auf was für Menschen man trifft, wenn man sich bei Bürgerstiftungen engagiert. Ihre Beispiele sollen Menschen anregen, die selbst noch auf der Suche sind nach einem geeigneten Ort für ihr eigenes Engagement, die Bürgerstiftung in Betracht zu ziehen. Und sie sollen diejenigen ermutigen, die bereits in Bürgerstiftungen aktiv sind, noch stärker nach neuen Mitstreitern zu suchen und für ihre Stiftungsform zu werben. Die Zielgruppe jener, die bereit sind mitzumachen oder mitzustiften, ist wahrscheinlich viel größer, als die meisten Menschen denken.

Wer sich von den Beispielen inspirieren lässt, findet daher in diesem Buch auch Antworten auf die Fragen, wie er oder sie selbst Bürgerstifter oder Bürgerstifterin werden kann und ob es in der näheren Umgebung auch eine Bürgerstiftung gibt.

In diesem Sinne wünschen wir unseren Leserinnen und Lesern eine interessante Lektüre und bedanken uns bei allen, die dieses Buch ermöglicht haben.

Stefan Nährlich und Gudrun Sonnenberg

TEIL 1

Wir Bürgerstifter

„Sachen, die ich kann"

Véronica Scholz hat eine eigene Stiftung bei der Bürgerstiftung Braunschweig gegründet

Véronica Scholz, Jahrgang 1949, ist Rentnerin und lebt in zweiter Ehe verheiratet in Braunschweig. Sie ist Pharmazeutin, hat als Apothekerin und Trainerin gearbeitet, in Indonesien und Ecuador gelebt und war für ihre große Familie da. Mit ihrer Stiftung PharmHuman widmet sie sich der Gesundheitsförderung in Deutschland und im Ausland. PharmHuman ist eine Treuhandstiftung unter dem Dach der Bürgerstiftung Braunschweig.

23. Dezember 2005. Noch ein Tag bis Weihnachten. Véronica Scholz steht in der Umkleidekabine eines Kaufhauses und probiert gerade ein Nachthemd an, als ihr Handy klingelt: Kann sie bitte Narkosemittel beschaffen? In großer Menge und jetzt sofort? Der Anrufer ist ein Apothekerkollege aus Bayern und er braucht die Medikamente für ein Münchner Ärzteteam der Hilfsorganisation Noma e.V., das jedes Jahr den Jahreswechsel in Afrika verbringt, um dort ehrenamtlich Gesichtsoperationen bei Kindern, die an der entstellenden Krankheit Noma leiden, durchzuführen. Am nächsten Tag wollen sie losfliegen und irgendwas ist schiefgegangen mit den Anästhetika.

Was tun? Einfach im Großhandel bestellen geht nicht, die Anästhetika fallen in der gewünschten Form unter das Betäubungsmittelgesetz. Véronica Scholz ruft ihren Sohn an, der ebenfalls Apotheker ist. Zusammen knobeln sie herum, bis sie die Lösung haben: Wenn man die Medikamente in geringerer Dosierung bestellt, müsste es gehen. Scholz telefoniert weiter. Holt einen der Ärzte aus dem Operationssaal, in dem er gerade noch arbeitet, um die Dosierungsfrage zu klären, ruft beim Großhandel an, überredet die Angestellte dort zu einer letzten guten Tat vor dem Feierabend. Es ist inzwischen kurz vor 17 Uhr. Scholz ruft nochmal ihren Sohn an, wegen des Transports. Am Ende ist es geschafft, das Ärzteteam kann mitsamt den Narkotika den Flug zu seinem Einsatz in Afrika antreten. Und Scholz, gelernte Apothekerin, erkennt: „Das sind die Sachen, die ich kann." Sie beschließt: „Diese Kompetenzen setze ich jetzt ein."

Einfach angefangen

Diese Geschichte erzählt Véronica Scholz, wenn man sie fragt, wie es anfing mit ihrer Stiftung PharmHuman, wie sie zu ihren Projekten und dem Profil ihrer Stiftung gekommen ist. Damals, an diesem Vorweihnachtstag, lag die Stiftungsgründung erst wenige Monate zurück. Sie hatte noch keine genaue Vorstellung davon, was sie machen wollte. „Ich hatte keinen richtigen Plan", sagt Véronica Scholz. „Ich lasse die Dinge sich entwickeln."

Lediglich, dass sie im Gesundheitsbereich wirken wollte, war ihr klar, als sie die Stiftung vor gut zehn Jahren, zeitgleich mit ihrem Eintritt ins Rentenalter, gegründet hat. Zu den ersten Projekten gehörte noch eine Weiterbildung für Erzieherinnen zur „Gesundheitserzieherin", die PharmHuman gemeinsam mit dem Kneipp Verein in Braunschweig förderte. Recht bald erkannte Scholz jedoch, dass sie am liebsten Dinge tun wollte, mit denen sie sich richtig gut auskennt, und wo ihr Sachverstand gefragt ist. Und das sind nun einmal Projekte, die etwas mit Pharmazie zu tun haben. Nicht, dass es in dieser Branche an Geld mangeln würde – aber oft liegt es nicht am Geld allein.

Bei schwerstkranken Kindern zum Beispiel hat Véronica Scholz einen Bedarf gefunden, in der sie ihr Geld und ihr Wissen einsetzen kann: PharmHuman dokumentiert Arzneimittelgaben für Kinder, für die es keine klinischen Studien gibt. Stark wirkende Arzneimittel sind oft nur für die Therapie an Erwachsenen zugelassen. Die kleine Gruppe schwerstkranker Kinder ist aber auf diese Medikamente angewiesen. Die Dosierungen für sie müssen dann empirisch ermittelt werden. Besonders schwierig wird es bei den ganz Kleinen, den Frühchen. Wie dosiert man ein Medikament, wenn der Körper, den man behandeln möchte, statt der üblichen 80 Kilo nur 800 Gramm wiegt?

Hier setzt Véronica Scholz mit ihrer Stiftung an: Sie sorgt dafür, dass die Wirkungsweise von Medikamenten untersucht wird, die Ärzte in der Kinderstation des Klinikums Braunschweig ihren frühgeborenen Patienten verabreichen. Dazu finanziert PharmHuman regelmäßig das Gehalt eines Pharmazeuten im Praktikum in der Klinik, der die Arzneimittel erfasst und die Dosierungen und ihre Wirkung dokumentiert. So wird das Erfahrungswissen der Ärzte vermittelbar gemacht. Die gewonnenen Erkenntnisse werden in der Fachpresse und im Internet publiziert, um andere Ärzte und Kliniken daran teilhaben zu lassen.

„Das", sagt Scholz, „sind die Nischen, nach denen ich suche." Sie kümmert sich um Projekte, die für die großen Gesundheitsstiftungen zu klein sind, aber dennoch gebraucht werden. Und die nur jemand machen kann, der selbst vom Fach ist und genügend Ahnung von der Sache hat, um einzuschätzen, welches Projekt etwas bringt, und welches nicht. Das ist, was die Stiftung angeht, die Hauptbeschäftigung von Véronica Scholz: Schauen, wo man etwas Sinnvolles tun kann, und dann dafür sorgen, dass es auch läuft. „Meine Projekte finde ich nicht an jeder Ecke", sagt Scholz. Vielmehr ergeben sich die Ideen aus Gesprächen mit den Menschen, mit denen sie in ihren Projekten zusammenarbeitet. Oft sind das Ärzte. In den Kliniken in Braunschweig und Hannover kennt man sie inzwischen und spricht sie an, wenn es eine Idee gibt, wo Unterstützung nottäte. Dann gilt es zu beurteilen, ob das Projekt sinnvoll ist und zur Stiftung passt. Und ob es lebensnah ist, wie beispielsweise die Studie über die sichere Arzneimittelvergabe an leukämiekranke Kinder im häuslichen Bereich. Verabreichen wirklich alle Eltern die Chemotherapeutika in der richtigen Menge und zum richtigen Zeitpunkt an die Kinder? Beachten sie dabei die Sicherheitsbestimmungen, die beim Umgang mit den hochgiftigen Medikamenten einzuhalten sind? In welcher Form kann man die Medikamente verabreichen, damit die Kinder sie ohne allzu große Kämpfe schlucken? Solche Fragen sind es, die der Alltag im Umgang mit Kranken aufwirft, und die viel zu selten Beachtung finden. Und vermutlich ist es genau dieser Ansatz im Alltag, der auch ein anderes PharmHuman-Projekt zum „Dauerbrenner" macht, wie Scholz sagt: Die Braunschweiger Hospiz-Gespräche. Das sind Fachveranstaltungen mit Vorträgen und Diskussionen zu vor allem jenen Themen, die in der medizinischen Fortbildung meist keine Rolle spielen, die für den Alltag in der Betreuung sterbender Menschen aber doch so wichtig sind, wie etwa Kunst am Lebensende. Oder auch Humor am Lebensende. Darf man lachen, wenn es ernst wird? Sowas fragt sich, wer nah dran ist. Die Stiftung lädt die Fachleute ein, aber es kommen auch Angehörige. Die Veranstaltungen sind immer voll, berichtet Scholz voller Stolz.

Wenn Scholz so eine Projektidee für gut befunden hat, ist der nächste Schritt, Geld aufzutreiben. Die Stiftung hat ein Kapital von 140.000 Euro. „Das ist mini", findet Scholz. Eine gemeinnützige Stiftung darf ja nur mit den Zinsen und Erträgen aus dem Grundkapital arbeiten. Also wirbt sie um zusätzliche Gelder bei anderen Stiftungen wie der Kroschke Kinderstiftung in Braunschweig, von der PharmHuman seit Jahren finanziell unterstützt wird und die die Umsetzung wichtiger Projekte ermöglicht. Hingehen, sprechen, Anträge schreiben, heißt es dann. Und immer wieder netzwerken. Man kennt sich ja. „Wir sind hier wie eine Familie unter den Stiftungen", sagt Scholz.

Bei der Bürgerstiftung: Leute wie du und ich

Dabei hatte sie anfangs durchaus Berührungsängste. Eine Stiftung schien zwar die geeignete Rechtsform für ihre Vorhaben, aber auch elitär und irgendwie nobel. Jedenfalls stellte sich Véronica Scholz das Stiftungsleben so vor – bis sie sich eines Tages in einem provisorisch hergerichteten Büroraum wiederfand, auf einem Stuhl zwischen zwei Kopierern inmitten eines großen Gewusels von Menschen, die mit orangefarbenen T-Shirts hantierten.

Das war vor zehn Jahren und ihre erste Begegnung mit der Bürgerstiftung Braunschweig. Véronica Scholz suchte hier einen Treuhänder für ihre Stiftung. Das Gewusel galt den Vorbereitungen für den ersten Bürgerbrunch der Bürgerstiftung Braunschweig, der ein Riesenerfolg werden und überregional zahlreiche Nachahmer finden sollte. Scholz wartete auf ein Gespräch mit dem Vorstandsvorsitzenden Ulrich E. Deissner und fühlte sich wohl: „Es hat mir total gut gefallen, dass dort alles so locker und lebendig zuging". Inzwischen ist die Bürgerstiftung aus den Improvisationen ihrer Anfangsphase herausgewachsen. Sie gehört zu jenen, die mit großem Zeitaufwand und sehr professionell geführt werden. Trotzdem ist bei Scholz, die nach Beratung mit dem Bürgerstiftungsvorstand Ulrich Deissner ihre Stiftung als Treuhandstiftung unter dem Dach der Bürgerstiftung gründete, der Spaßfaktor von ihrem ersten Besuch unauslöschlich im Gedächtnis geblieben. „Ich fühlte mich dort auch so wohl, weil das Leute waren wie du und ich", sagt sie. Es begann eine fruchtbare Zusammenarbeit. „Eine Stiftung zu gründen hatte eine gewisse Ähnlichkeit mit einem Hausbau", sagt Scholz, „es war erstmal ein bisschen abenteuerlich. Da war es gut, jemanden zur Seite zu haben, der sich auskennt." Wie bei Treuhandstiftungen üblich, muss Scholz sich ihre Ausgaben von der Bürgerstiftung genehmigen lassen. So ergibt sich schon aus der Rechtslage heraus ein regelmäßiger Kontakt. Doch Scholz profitiert auch immer wieder von dem großen Netzwerk der Bürgerstiftung. „Die kennen jeden, und jeder kennt sie", sagt sie. Wenn sie auf der Suche nach Geldgebern sei, erweise sich die Bürgerstiftung als zuverlässige Vermittlerin zu anderen Stiftungen oder könne zumindest mit Tipps weiterhelfen, wo es sich anzuklopfen lohne, berichtet Scholz.

Läge es nicht nahe, dass sie sich selbst auch bei der Bürgerstiftung engagiert? Scholz schüttelt den Kopf. „Ich bin eher der Typ für das individuelle Engagement. Und nicht, dass Sie einen falschen Eindruck von mir bekommen", sagt sie, „die selbstlose Wohltäterin bin ich auch nicht. Meine eigene Stiftung reicht mir völlig aus, und meine Belohnung ist der Erfolg."

Tennis spielen, Gin Tonic trinken? Lieber was machen

Véronica Scholz wohnt in Braunschweig in einer geschmackvoll eingerichteten Stadtwohnung in einer Straße mit schönen Häusern an einem kleinen Park, der selbst bei Schmuddelwetter im November noch ansehnlich ist. Sie weiß: „Mir geht es gut." Und sie weiß auch, dass das nicht selbstverständlich ist. Ganz und gar nicht. Schließlich hat sie mit eigenen Augen mehr als einmal gesehen, wie unglaublich ungerecht es in der Welt zugeht, als sie nach ihrem Studium mit ihrem Mann, ebenfalls Pharmazeut, nach Ecuador und Indonesien ging.

Ein feines Leben hatten sie da, mit Villa und Hausangestellten, wie bei solchen Einsätzen üblich. „Aber dann", erzählt Scholz, „sehen Sie da, wie sich aus dem Müll, den Sie vor die Tür stellen, drei einheimische Familien ihr Essen raussuchen. Das ist so ein krasser Gegensatz. Sie können dann die Augen schließen und sagen, ich geh Tennis spielen und Gin Tonic trinken. Oder Sie sagen, ich muss irgendwas machen."

Véronica Scholz reihte sich bei denen ein, die was machen und engagierte sich in einem Verein, der Projekte für Frauen und Mädchen in Indonesien förderte, aber auch andere Projekte unterstützte. Etwa den Bau eines Speichers für Reis, damit dieser nicht mehr von den Ratten gefressen werden konnte und die Dorfbewohner auch in der Regenzeit ihre tägliche Reisportion hatten. Dazu schrieb Scholz einen Antrag auf Finanzierung an das Bundesministerium für wirtschaftliche Zusammenarbeit. Sie kommunizierte auch mit den Dorfbewohnern, da sie indonesisch gelernt hatte, und sie übernahm die Abrechnung. Was rückblickend so erfolgreich und nach Management und Projektabwicklung klingt, war in der Realität vor allem eine Konfrontation mit bitterster Armut. „Wenn wir auf die Dörfer gefahren sind, mussten wir danach erstmal einen Cognac trinken", erzählt Scholz, macht eine abwehrende Handbewegung und erspart den Zuhörern lieber die belastenden Details.

Vor allem, sagt sie, habe sie in dieser Zeit gelernt, genau hinzuschauen, was die Menschen brauchten. „Es geht so schnell, dass man etwas gibt, das nicht wirklich passt. Man muss sich gründlich informieren", sagt sie und erzählt aus ihrer Zeit in Ecuador, wo sie vor der Zeit in Indonesien mit ihrem Mann lebte. Dort spendeten sie und ihre Mitstreiterinnen Matratzen an ein Waisenhaus in den Bergen. Die Kälte dort oben legte das nahe, dachten sich die gutmeinenden Frauen. Tatsächlich aber wären

Nahrungsmittel viel sinnvoller gewesen. Die Kinder hungerten. Das erfuhren Scholz und ihre Mitstreiterinnen später aus einem Gespräch mit der Waisenhausleiterin.

Solche Erfahrungen haben Véronica Scholz Überzeugung begründet, dass sie etwas zu geben hat, und dass es wichtig ist, nicht irgendwas, sondern das Richtige zu tun; das, was wirklich gebraucht wird. Allerdings standen nach ihrer Rückkehr nach Deutschland für sie persönlich zunächst viele andere Dinge auf der Agenda. Es galt, den beruflichen Wiedereinstieg zu finden nach der langen Zeit im Ausland. Einige Jahre lang arbeitete Scholz als Apothekerin in Berlin. Außerdem wollten auch noch ihre vier Kinder großgezogen werden. Diese Aufgaben lasteten sie eigentlich schon aus. Als die jüngste Tochter 16 Jahre alt war, wagte Scholz den Schritt in die berufliche Selbstständigkeit und wurde freiberufliche Trainerin und Coach für Apotheken. „Das war beruflich meine beste Zeit", sagt sie, „da habe ich viele Menschen kennengelernt, bin viel gereist und herumgekommen." Umgezogen ist sie auch – nach Salzgitter, der Liebe wegen. Eine bewegte Zeit. Und dann die Rente. Und jetzt?

Welt retten? Ach nein

Mit dem Ende der Berufstätigkeit kehrte die freiere Verfügung über die Zeit in das Leben der Pharmazeutin zurück. Damit kam auch das Engagementthema wieder auf die Tagesordnung. Wobei es Véronica Scholz sehr wichtig ist zu betonen, dass sie nicht etwa aus Langeweile tut, was sie tut, sondern dass es Freude und Interesse sind, die sie antreiben. „Deshalb hat es bei mir auch ein bisschen gedauert, bis ich das Profil meiner Stiftung richtig entwickelt hatte", sagt sie. „Bei manchen Leuten ergibt sich eine Aufgabe ja aus einem Schicksalsschlag, zum Beispiel, dass man jemanden wegen einer Krebserkrankung verliert und dann die Krebsforschung unterstützt." Bei Scholz blieben solche Schicksalsschläge glücklicherweise aus. Und sie fühlt sich, Einsichten hin oder her, auch nicht schuldig oder verpflichtet, die Welt zu retten. „Wenn ich ehrlich bin, betreibe ich meine Projekte vor allem aus Freude", sagt sie. „Im Ehrenamt ist es ein ganz anderes Arbeiten als im Job. Man braucht keine Ellbogen, und es gibt kein Konkurrenzdenken." Im Beruf habe viel mehr Wettbewerb geherrscht.

In der Stiftung gibt es diesen Erfolgsdruck nicht. Entsprechend sachorientiert und entspannt lässt es sich mit anderen Menschen zusammenarbeiten. Der Lohn ist die Anerkennung. Zwar klettert Véronica Scholz mit einem gewissen Eigensinn immer wieder aus der Wohltäterinnen-Schublade heraus, in die sie hineinzustecken ihr Engagement nahelegt. Das hat sie aber nicht davor bewahrt, den Luise-Löbbecke-Ring der Stadt Braunschweig für ihr ehrenamtliches Engagement verliehen zu bekommen. Und darüber hat sie sich auch sehr gefreut, gibt sie zu, allerdings nicht ohne auf ihre Mitstreiter zu verweisen, die sie sich für die Arbeit innerhalb der Stiftung gesucht hat. Vier befreundete Kollegen sind das. Sie sitzen mit ihr im Stiftungsrat und packen ebenso ehrenamtlich und tatkräftig wie Véronica Scholz selbst bei den Projekten mit an. „Ohne sie würde der Laden nicht laufen", sagt sie. Sei es, dass sie die Finanzen kontrollieren, sei es, dass sie Projekte fachlich begleiten: Alle fünf Stiftungsräte sind Fachkollegen aus der Pharmazie und dem Gesundheitsmanagement, auf deren Sachverstand sich Véronica Scholz verlassen kann, und die ihr einen gehörigen Anteil an der Arbeit abnehmen. Scholz weiß diese Unterstützung und auch das damit verbundene Netzwerk sehr zu schätzen.

„Ich opfere mich nicht auf für meine gemeinnützige Arbeit", lacht sie, „kaputt arbeiten tu ich mich nicht." In Stoßzeiten arbeite sie ein paar Wochen lang halbtags und täglich für die Stiftung. Dann sei aber auch wieder monatelang Ruhe – Zeit für ihren Hauptberuf: „Ich bin vor allem Oma von sechs Enkeln!" Auch für Reisen und Freizeit bleibe genug Luft, sagt Scholz und belegt diese Behauptung mit dem untrüglichsten aller Gradmesser: „Mein Mann hat sich noch nicht beschwert."

Gudrun Sonnenberg

Die Bürgerstiftung Braunschweig

Die Bürgerstiftung Braunschweig engagiert sich in der alten Stadt Heinrichs des Löwen und heutigen niedersächsischen Großstadt. Modern und zugleich geschichtsbewusst, sozial und bürgernah ist die Bürgerstiftung breit aufgestellt. Dabei hat sie eine klare Positionierung für ihre Arbeit im öffentlichen Leben der Stadt: Sie will Orientierung geben in wesentlichen Fragen des gesellschaftlichen Miteinanders, Menschen inspirieren aktiv zu werden und sie dabei unterstützen.

Gründung: Ende 2003 gründeten rund 100 Braunschweiger und lokale Unternehmen mit 150.000 Euro die Bürgerstiftung, um sich gemeinsam für ihre Stadt zu engagieren. Ihr Motto: Mittragen, Mitdenken, Mitgestalten.

Konzept und Arbeitsschwerpunkt: Die Bürgerstiftung fördert die Arbeit von gemeinnützigen Organisationen vor Ort und führt auch eigene Projekte durch. Besonders wichtige Themen sind Bildung und Erziehung, Integration und Gewaltprävention, die Förderung bürgerschaftlichen Engagements, Sport und Gesundheit, Natur und Umwelt sowie Kunst und Kultur. Eine wichtige Stütze bei den Projekten sind die über 300 ehrenamtlich tätigen Zeitstifter. Ebenso legt die Bürgerstiftung Wert darauf, dass Engagement von Stifterinnen und Stifter zu fördern. Sie wirbt für die Idee des Stiftens, berät Privatpersonen und Organisationen, die eine Stiftung gründen wollen und verwalten deren Stiftungen partnerschaftlich unter ihrem Dach.

Struktur: Ein fünfköpfiger Vorstand verantwortet die Arbeit der Bürgerstiftung. Er wird für jeweils drei Jahre vom Stiftungsrat gewählt, der den Vorstand unterstützt und kontrolliert. Die Stifter und Zustifter gehören der Stiftungsversammlung an. Hier erfahren sie, woran die Bürgerstiftung arbeitet und was sie künftig vorhat. Alle Gremienmitglieder und Helfer arbeiten unentgeltlich, jeder ist willkommen mit Geld, Zeit und Ideen mitzuhelfen.

Die Bürgerstiftung Braunschweig in Zahlen: Das Stiftungsvermögen der Bürgerstiftung beträgt heute über 12 Millionen Euro. Unter dem Dach der Bürgerstiftung sind mehr als 35 Partnerstiftungen in Form von Treuhandstiftungen oder Stiftungsfonds versammelt. Sie fördern die unterschiedlichsten gemeinnützige Zwecke. Seit der Gründung konnten aus Stiftungserträgen und Spenden bislang 4,5 Millionen Euro zur Unterstützung gemeinnütziger Zwecke in Braunschweig eingesetzt werden.

Bürgerstiftung Braunschweig
www.buergerstiftungbraunschweig.de

„Der Staat kann nunmal nicht alles leisten"

Andreas Reuß, Gründer einer Familienstiftung bei der Bürgerstiftung Hamburg

Dr. Andreas Reuß, 67 Jahre alt, verheiratet, drei Söhne und drei Enkel. Der pensionierte Jurist hat gemeinsam mit seiner Frau Barbara und seiner Schwiegermutter Dorothea Schlüter die „Karl Andreas Voss Erben Stiftung" gegründet. Sie ist als Treuhandstiftung in der Bürgerstiftung Hamburg verankert und fördert insbesondere Kinder- und Jugendarbeit in sozial benachteiligten Hamburger Stadtbezirken.

Theoretisch könnte er tagaus tagein mit einem guten Buch im Sessel versinken, Radtouren unternehmen, ins Theater gehen, ab und an Akkordeon spielen. Praktisch aber erschien eine derartige Rundum-Entspannung dem Hamburger Andreas Reuß nach seiner Pensionierung keine erfüllende Aussicht für seinen Alltag. Also zog sich er sich im Jahr 2012 nach seinem letzten Arbeitstag für zehn Tage zur Besinnung in ein Kloster zurück und dachte nach. Das Ergebnis war eine simple Rechnung: Ein Drittel seiner Zeit sollten fortan seiner Familie gehören, ein Drittel ihm selber – und ein Drittel dem Dienst an der Allgemeinheit, konkret dem bürgerschaftlichen Engagement.

Wobei in seinem Fall Familie und Engagement eh nicht zu trennen sind. Der Blick über den heimischen Tellerrand auf die Bedürfnisse anderer ist bei den Reußens von jeher selbstverständlich. Beide stammen aus Elternhäusern, die dies ebenso vorlebten.

Andreas Reuß´ Frau Barbara arbeitete früher als Jugendrichterin und wurde von dem Kriminologen Christian Pfeiffer, einem frühen Verfechter des Bürgerstiftungs-Modells, für das in Deutschland damals noch unbekannte Konstrukt begeistert. Mit ihrem Engagement für die Hamburger Bürgerstiftung, die 1999 aus der Taufe gehoben wurde, steckte sie rasch auch ihre Mutter Dorothea Schlüter und ihren Mann an. Der schaute damals, noch voll im Berufsleben stehend, aus Zeitmangel eher von der Seitenlinie zu. Seine Schwiegermutter half der Bürgerstiftung mit einer großzügigen Anschubfinanzierung auf die Beine, denn das Modell überzeugte sie. So sehr, dass sie sieben Jahre später, im Jahr 2006, unter dem Dach der Bürgerstiftung, gemeinsam mit ihrer Tochter und ihrem Schwiegersohn Andreas Reuß die „Karl Andreas Voss Erben Stiftung" gründete.

Hier kommt die Familientradition, sich zu engagieren ins Spiel. Die Treuhandstiftung erinnert an den Großvater von Barbara Reuß: Karl Andreas Voss (1892-1977) war Journalist und Verleger, gründete zusammen mit Axel Springer nach dem 2. Weltkrieg den Springer Verlag in Hamburg und war Zeit seines Lebens philanthropisch und bürgerschaftlich engagiert. Unter anderem stiftete er ein Studenten- und ein Seniorenwohnheim und wurde wegen seiner Verdienste zum Ehrensenator der Universität Hamburg ernannt. „Er ist mir ein großes Vorbild", sagt Andreas Reuß, ebenso wie seine mittlerweile 96-jährige Schwiegermutter. Sie bildet gemeinsam mit ihrer Tochter und ihrem Schwiegersohn den Beirat der Treuhandstiftung und zeigt trotz ihres hohen Alters noch großes Interesse an der Verwendung der Mittel. Zu den Stiftungszwecken der Karl Andreas Voss Erben Stiftung zählen die Jugend- und Altenhilfe, Kunst und Kultur sowie Bildung und Erziehung. Dabei hat die Stiftung – ganz im Sinne auch der Bürgerstiftung Hamburg – sozial benachteiligte Stadtteile besonders im Auge.

Damit schließt sie an Themen an, die dem Ehepaar Reuß seit Jahrzehnten am Herzen liegen. Andreas Reuß' Engagement begann nämlich keineswegs erst nach seiner Pensionierung, sondern knüpfte an längst Bestehendes an. Reuß engagiert sich seit Jahrzehnten unter anderem im Lions Club Hamburg Elbufer für jene Themen, auf die sich auch die Familienstiftung konzentriert. Wie bei seiner Frau wurzelt seine Überzeugung, dass jeder Einzelne Verantwortung für die Gesellschaft trägt, in seiner eigenen Kindheit. Reuß wuchs in Hannoversch Münden, dem Ursprungsort der Weser, auf. „Die Verantwortung für die Gemeinschaft habe ich im Elternhaus mitbekommen", sagt er. Sein Vater leitete das städtische Forstamt mit Leib und Seele und investierte in den späten Fünfzigerjahren viel Herzblut und Zeit in die Gründung des Naturparks Münden, der einer der ersten seiner Art in Deutschland wurde. Andreas Reuß erinnert sich noch gut an die vielen Reisen und Gespräche, mit denen sein Vater sein Projekt vorantrieb. Sein Anliegen war es, Menschen für die Natur zu begeistern, ihnen Erholungsmöglichkeiten und Informationen über die Schönheiten ihrer Heimat zu bieten. Letztendlich hatte er dabei auch den Naturschutz im Sinn: Denn nur was Menschen lieben, werden sie versuchen zu bewahren.

So erlebte Andreas Reuß von klein auf, dass jeder Einzelne für die Gesellschaft und zum Wohl aller etwas bewegen kann – und dass dies persönlichen Einsatz erfordert. Noch etwas lernte er von seinem Vater, der als Förster quasi Experte für Nachhaltigkeit war: Bei der Zielsetzung gilt es, langfristig zu denken, in die Zukunft und künftige Generationen hinein. Bäume wachsen nun einmal nicht über Nacht in den Himmel – gute Projekte ebenso wenig. Das muss man wissen, wenn man seine Sache professionell angehen will, und das hat Andreas Reuß bis heute verinnerlicht.

Er begann sein Berufsleben in Hamburg mit einer Banklehre und fing anschließend an, Jura und Betriebswirtschaft zu studieren. Für ein paar Semester zog es ihn gen Süden, nach Freiburg und Lausanne. Dort lernte er ausgerechnet eine Hamburgerin kennen, folgte ihr zurück in den Norden und heiratete sie.

Seitdem leben die beiden gemeinsam in der Freien und Hansestadt Hamburg – der Stadt mit der höchsten Stiftungsdichte in Deutschland, in der der Einsatz für die Gesellschaft seit vielen Jahrhunderten nicht nur zum guten Ton, sondern auch zum bürgerlichen Selbstverständnis gehört. Eine Haltung, die auch Andreas Reuß entspricht. In diesem Punkt ist er sich mit seiner Frau einig. Gesellschaftliches Engagement gehört im Haus Reuß dazu wie gemeinsame Radausflüge oder Ferien in Italien.

Gerne Beamter

„Der Staat kann nun einmal nicht alles leisten", sagt er. „Und da, wo er überfordert ist, muss die Gemeinschaft einspringen und sich engagieren." Reuß kennt die Möglichkeiten und Grenzen staatlichen Handelns sehr genau. Er hat seine gesamte berufliche Laufbahn in der öffentlichen Verwaltung verbracht, war Staatsdiener und Beamter aus Überzeugung. Zwölf Jahre lang leitete er vor seiner Pensionierung die „Hamburger Gesellschaft für Vermögens- und Beteiligungsmanagement mbH" (HGV), als eine Art „Portfolio-Manager für die Stadt", wie er sagt. Unter dem Dach der HGV waren sowohl die Betriebe der kommunalen Versorgung untergebracht als auch städtische Beteiligungen an großen Hamburger Unternehmen wie Beiersdorf und Hapag Lloyd. Die hatte man erworben, um diese großen Arbeitgeber vor dem Zugriff internationaler Investoren zu schützen. In seinem Job changierte Reuß zwischen den Rollen als Beamter und Manager, zwischen Allgemeinwohl und dem Bestreben, rote Zahlen zu vermeiden. Er verstand sich als Diplomat zwischen Politik und Unternehmertum, vermittelte zwischen kommunalen Aufgaben und den betriebswirtschaftlichen Notwendigkeiten.

All die Jahre ist er gerne Beamter gewesen, einer von jenem Typus, der an die Verantwortung und Effizienz eines funktionierenden Gemeinwesens glaubt. So sieht er sich auch selbst. „Ich bin vom Sternzeichen Jungfrau, bei mir muss alles seine Ordnung haben", sagt er mit einem Augenzwinkern. Gegen das Wort „dienen" hat Andreas Reuß gar nichts einzuwenden. „Ein Staatsdiener ist eigentlich ein Bürgerdiener – der Staat sind schließlich wir alle. So müssen wir es begreifen."

Das impliziert nach seiner Auffassung jedoch nicht, dass die Bürger sich beruhigt auf dem Sofa zurücklehnen und das Funktionieren des Gemeinwesens den öffentlichen Institutionen überlassen sollten. Ganz im Gegenteil: Der Allgemeinheit dienen, das obliegt jeder und jedem, nicht nur jenen, die hauptberuflich dafür entlohnt werden, meint Reuß. Sein Engagementverständnis ist zugleich ein Verantwortungsbekenntnis des Einzelnen für das Ganze und des Starken für den Schwachen. Und das gilt nicht nur für Hamburg oder die Bundesrepublik.

Einer der Reuß-Söhne lebt in Mexiko. Seine Erzählungen und Andreas Reuß' eigene Reisen nach Nepal haben tiefe Eindrücke hinterlassen: mit eigenen Augen sah Reuß, unter welch schwierigen Bedingungen Menschen in anderen Ländern täglich ihr Leben meistern müssen. Reuß erzählt, wie Bürger in Mexiko gegen die allgegenwärtige Korruption kämpfen, und er berichtet von den Widrigkeiten einer fehlenden öffentlichen Infrastruktur in Nepal. Frisches Wasser aus dem Hahn, Strom aus der Steckdose, eine Müllabfuhr, die verlässlich die Tonnen leert – für Nepalesen eine Utopie. Das gilt auch für die Gesundheitsversorgung im Land. Die war durch die Erdbeben 2015 derart in Mitleidenschaft gezogen, dass Andreas Reuß, seine Schwester und sein Schwager beschlossen, aktiv zu werden. Gemeinsam sammelten sie Hilfsgelder für das private Dhulikehl-Hospital in der Nähe von Kathmandu. 30.000 Euro kamen allein aus Andreas Reuß´ Bekannten- und Freundeskreis zusammen.

In Hamburg anzukommen war gar nicht so leicht

Dabei half ihm sein Engagement-Netzwerk insbesondere des Lions Clubs. „Wenn man Menschen persönlich von einer Sache überzeugen kann, sind sie auch bereit zu geben", ist seine Erfahrung. Paradoxerweise ist es in der reichen Bürgerstadt Hamburg trotzdem nicht so leicht, Geld einzuwerben. „In den Elbvororten gibt es sehr vermögende Menschen, aber viele sind bereits in ihren eigenen Projekten engagiert", sagt Reuß. Überhaupt seien die Hanseaten ja ein ganz besonderer Menschenschlag. Keiner, der einem spontan sein Herz zuwerfe. „Dem Hamburger muss man sich erst einmal würdig erweisen", lacht er. Dass er in eine angesehene Hanseatische Familie einheiratete, machte ihm das Ankommen damals leichter. In den Jahrzehnten seither sei die Stadt jedoch offener geworden, sagt er. Heute herrsche eine deutliche andere Willkommenskultur und ein breiterer Bürgersinn als damals, als er sich hier niederließ, findet er und erzählt begeistert von den vielen Aktionen und Initiativen, mit denen die Hanseaten letztes Jahr ankommende Flüchtlinge willkommen geheißen haben. Auch seine Frau und er engagieren sich in diesem Bereich. Unter anderem spendete Reuß´ Lions Club vor Kurzem einen Transporter, mit denen Flüchtlinge zu Arzt- oder Ämterbesuchen gebracht werden können.

Andreas Reuß ist bekennender Familienmensch. Dass er damals in den öffentlichen Dienst eintrat, hing auch damit zusammen, dass er keiner dieser Väter sein wollte, die ihre Kinder kaum zu sehen bekommen. Ein halbwegs geregelter Arbeitstag ließ sich einfach besser mit seiner Vaterrolle in Einklang bringen als der unberechenbare Alltag in einer Rechtsanwaltskanzlei. Seine Frau und er wurden früh Eltern, da war er gerade 25 Jahre alt. Als Barbara Reuß ihre Verwaltungsstation absolvierte, passte ihr Mann tagsüber auf den ersten Sohn auf. Aus heutiger Sicht kaum erwähnenswert, aber in den frühen Achtzigerjahren war das noch keine Selbstverständlichkeit. Heute fahren die beiden – inzwischen Großeltern – mit Begeisterung mit ihren drei Enkeln in den Urlaub. „Ich liebe Kinder", sagt Reuß.

Aus diesem Grund stehen Kinder und Jugendliche auch im Zentrum seines Engagements. Sein Lions Club engagiert sich seit vielen Jahren im Hamburger Problemviertel Osdorfer Born unweit der noblen Elbvororte und fördert die Jugendarbeit vor Ort. „We serve" – „wir dienen", lautet das Motto des Clubs, ganz Reuß´ Überzeugung entsprechend, genauso wie der Ansatz, dass man Menschen ermächtigen muss, für sich selbst Verantwortung zu übernehmen. „Mir macht es keine Freude, einmalig den Weihnachtsmann zu spielen und Geschenke zu verteilen." Vielmehr strebt er langfristige, nachhaltige Veränderungen an – so haben er und seine Frau es ja von ihren Vätern gelernt.

An die väterliche Tradition des Naturschutzes knüpft Reuß im Förderverein Klövensteen an, dessen aktives Mitglied er ist. Die im Forst Klövensteen geschaffene Waldschule bringt Kinder mit der Natur in Berührung, sie ist quasi ein Klassenzimmer im Grünen. Dort lernen die Jungen und Mädchen aus der Stadt viel über den Lebensraum Wald und werden für den Umgang mit der Natur sensibilisiert.

Know-how für die Bürgerstiftung

Sein eigenes Know-how als Jurist und Manager kommt seit einigen Jahren neben der eigenen Treuhandstiftung auch der Hamburger Bürgerstiftung als Ganzes zugute. Nach seiner Pensionierung nahm er den dortigen Treuhandbereich unter die Lupe und stellte ihn auf professionelle Füße. „Ich habe mich da richtig reingewühlt", sagt er. Das komplizierte Stiftungsrecht war für ihn zunächst Neuland, jedoch eines, das er als Jurist wissbegierig erkundete. Darüber hinaus engagiert er sich als „Stratege und Berater" und ist Mitglied im Stiftungsrat der Bürgerstiftung. Dabei kommt ihm auch zupass, dass er sich in kein festes Zeitkorsett einpassen muss. Denn die Freiheit und Flexibilität, die ihm das Leben nach der Karriere bietet, schätzt er sehr. Jede Woche zur gleichen Zeit am gleichen Ort zu sein, das wäre nicht sein Ding. „Die Abgabenordnung kann ich ja auch im Garten lesen", sagt er.

Die Bürgerstiftung Hamburg sei seiner Familie bei ihrem Engagement dabei ein wertvoller Partner, sagt er. Sie nimmt ihnen die Verwaltung ab und berät bei der Auswahl möglicher Förderprojekte. Ein tolles Team sei das, sagt Reuß. Ihm gefällt besonders die Zusammenarbeit mit den jungen Mitarbeitern. „Das macht mir viel Spaß". Er mag es leger, großbürgerliche hanseatische Vernetzungsveranstaltungen sind hingegen nichts für ihn. Lieber schwingt er sich mit Jeans und Polohemd aufs Fahrrad und macht einen Ausflug, am liebsten mit der Familie.

Perspektiven für Kids

Die Familie entscheidet auch gemeinsam, in welche Projekte die jährlichen Erträge der Treuhandstiftung fließen sollen. Stattliche 30.000 Euro schüttet sie pro Jahr aus. Mit dem Geld unterstützt die Familie unter anderem Musikunterricht für Kinder und einen Kinderzirkus in dem sozial benachteiligen Stadtteil Osdorfer Born. In St. Pauli erhalten Kinder und Jugendliche kostenlosen Kung-Fu-Unterricht. Musik und Kung Fu sind dabei nur vordergründig ein sinnvoller Zeitvertreib für die Heranwachsenden. Das übergreifende Ziel ist es, sie zu fördern und bereit zu machen für die Herausforderungen des Lebens. Im Kung-Fu-Unterricht verbessern Kinder ihre motorischen Fähigkeiten, sie bekommen Ziele und Selbstvertrauen vermittelt, ein gutes Rüstzeug für ihre Zukunft. „Sie sollten mal sehen, welchen Respekt die Lehrerin bei den Kindern genießt", erzählt Reuß begeistert. Positive Autoritäten sind in deren Leben selten und können einen wirklichen Unterschied bewirken. Seit Anfang 2008 können dank der Karl Andreas Voss Erben Stiftung pro Jahr jeweils 24 Kinder beim Kung Fu ihre Kräfte schulen.

Reuß glaubt an die weitreichende Kraft, die durch diese Selbstermächtigung auch im sozialen Brennpunkt entsteht: Hartz IV ist einfach keine Lebensperspektive. „Nichts ist so schön wie selbst verdientes Geld." Die Herausforderung sei es, junge Menschen dazu zu bringen, diese Bildungsangebote auch wahrzunehmen. Daher steht und fällt der Erfolg jedes Projekts mit seinen Lehrern und Leitern. Sie müssen Kinder verstehen, sie abholen, wo sie stehen, und sie begeistern. „Wir suchen engagierte Menschen und gute Initiativen und geben den finanziellen Anstoß, bis sie sich verselbstständigen", sagt Andreas Reuß. Er behält die Projekte dabei sehr genau im Auge – das Erbe seiner Berufskarriere ist noch spürbar. Nur Mittel zu verteilen, das war und ist nicht sein Ding: „Ich möchte schon sehen, welchen Unterschied das Geld macht."

Petra Krimphove

Die Bürgerstiftung Hamburg

Die Bürgerstiftung Hamburg ist die Bürgerstiftung in der Freien und Hansestadt Hamburg. Wie alle Bürgerstiftungen kann sie eine Vielzahl von Stiftungszwecken verfolgen, dies aber nur in einem bestimmten Gebiet. Unter dem Motto „Menschen verbinden, Zukunft stiften" will sie das Gemeinwesen Hamburg nachhaltig stärken und Kräfte der Innovation mobilisieren.

Gründung: Im März 1999 wurde die Bürgerstiftung Hamburg gegründet. Das erforderliche Mindestkapital für die Gründung einer Stiftung von damals 100.000 DM brachten 14 Erststifter aus den Reihen des Initiativkreises zusammen.

Konzept und Arbeitsschwerpunkt: Die Bürgerstiftung Hamburg initiiert eigene Projekte oder fördert auf Antragstellung Vorhaben und Ideen anderer, die der gleichen Zielsetzung dienen. Ein Schwerpunkt der Arbeit sind Kinder- und Jugendprojekte in sozialen Brennpunkten der Stadt. Hier will die Bürgerstiftung vorbeugend eingreifen, zur Selbsthilfe anstiften und die Verantwortung der jungen Menschen für sich und andere stärken. Ebenso fördert die Bürgerstiftung das Engagement von Stifterinnen und Stifter, die eine Stiftung gründen wollen. Sie verwaltet deren Stiftungen als Treuhandstiftungen oder Stiftungsfonds partnerschaftlich unter ihrem Dach.

Struktur: Ein drei- bis siebenköpfiger Vorstand verantwortet die Arbeit der Bürgerstiftung. Er wird für jeweils drei Jahre vom Stiftungsrat gewählt, der den Vorstand unterstützt und kontrolliert. Alle Gremienmitglieder und Helfer arbeiten unentgeltlich, jeder ist willkommen mit Geld, Zeit und Ideen mitzuhelfen. Die Bürgerstiftung beschäftigt auch angestellte Mitarbeiter.

Die Bürgerstiftung Hamburg in Zahlen: Heute sind unter dem Dach der Bürgerstiftung rund 20 Partnerstiftungen versammelt. Sie fördern Kinder- und Jugendprojekte, Soziales und Altenhilfe, Bildung oder Kunst und Kultur. Das Stiftungsvermögen ist auf 35 Millionen Euro gestiegen, was die Bürgerstiftung Hamburg zur kapitalstärksten Bürgerstiftung in Deutschland macht. Mit etwa 10 Millionen Euro aus Stiftungserträgen und Spenden konnten bislang gemeinnützige Projekte in Hamburg unterstützt werden.

Bürgerstiftung Hamburg
www.buergerstiftung-hamburg.de

„Wir müssen früher ansetzen"

Frank Wagner, Kinderarzt, Gründer einer Partnerstiftung der Bürgerstiftung Mittelhessen

Dr. Frank Wagner, 57 Jahre alt, verheiratet, zwei Kinder, führt eine Praxis für Kinder- und Jugendmedizin in seiner Heimatstadt Gießen. In seiner täglichen Arbeit erkannte er den enormen Informationsbedarf junger Mütter und Väter und stieß die Initiative „Hallo Welt" an. Sie ist strukturell als Partnerstiftung der Bürgerstiftung Mittelhessen organisiert.

Die letzten kleinen Patienten haben soeben mit ihren Eltern die Praxis verlassen. Die Ruhe nach dem letzten Ansturm Sturm legt sich über die Räume. Jetzt hat Frank Wagner Zeit für ein Gespräch in seinem funktional eingerichteten Besprechungszimmer, in dem er sonst von früh bis spät Kinder und Jugendliche behandelt. Er redet schnell und engagiert. Hier steht jemand mitten im Leben und in einem anstrengenden Berufsalltag. Seine Erfahrungen als niedergelassener Arzt waren auch der Auslöser für sein Engagement. Die von Frank Wagner angestoßene Initiative „Hallo Welt" führt quasi außerhalb der Praxis weiter, was er in ihr zeitlich nicht zu leisten vermag: „Hallo Welt" unterstützt junge Eltern, die voller Fragen und zuweilen auch Unsicherheit Verantwortung für ein neues Leben übernehmen. Doch dazu später mehr.

Der sportliche 57-Jährige ist in seiner Geburtsstadt Gießen verankert: Hier wurde er geboren, hier studierte und promovierte er an der Justus-Liebig-Universität und machte seinen Facharzt. „Dann hatte ich das Glück, hier auch eine Kinderarztpraxis eröffnen zu können", erzählt er. 1997, vor fast 20 Jahren, war das. Seither geben sich hier in einer Nebenstraße nahe der

Universität junge Eltern die Klinke in die Hand. Seine Patienten stammen aus den unterschiedlichsten Kulturkreisen. Das schätzt er so an seiner Heimat. „Gießen ist unglaublich international." Und das spiegelt sich auch in seiner Praxis. „Für uns ist es wichtig, dass sich das internationale Bild der Stadt bei uns abbildet." Auch so kann Willkommenskultur aussehen.

Frank Wagner mag seinen Beruf. Die Arbeit in der Praxis bietet ihm die Möglichkeit, Kinder über lange Zeiträume hinweg zu behandeln und ihre Eltern zu begleiten. Darin unterscheidet sich die Arbeit eines niedergelassenen Arztes von der seiner Kollegen in den Kliniken. „Ich habe hier eine sehr kontinuierliche Bindung und Betreuung an Patienten. Das liegt mir", sagt er.

In den ersten Jahren hielt der Praxisalltag jedoch einige Überraschungen für ihn bereit. „Ich dachte, der Bedarf an meinem medizinischen Know-how sei höher, habe aber gemerkt, dass es ebenso wichtig ist, den Eltern Sicherheit und Informationen zu geben", erinnert er sich. Die jungen Familien, die in seinem Sprechzimmer standen, kämpften mit der Informationsflut und ihrer fehlenden Erfahrung. Warum schreit das Kind? Was darf es essen? Wie lege ich es am besten ins Bett? Was ist eine wichtige Stimulation, welche hingegen vielleicht zu viel? Dürfen Babys schon vor dem Fernseher sitzen?

Überforderte Eltern

Frank Wagner bemerkte, dass Kinder immer seltener wegen schwerer Lungenentzündung in seine Praxis kamen und immer häufiger wegen Regulationsstörungen wie Schreiattacken und Schlafstörungen. Er sah überforderte Eltern, die nicht wissen, was ihrem Kind hilft, und für die der Arzt der wichtigste Ratgeber war. „Die gleichen Fragen wurden mir immer wieder gestellt." Tag für Tag. „Neben meiner Rolle als Arzt war ich immer häufiger auch Elternberater."

Wagner füllte in seiner Praxis eine Lücke, die auch der gesellschaftliche Wandel verursacht hatte: Früher konnten junge Mütter Rat bei ihren eigenen Müttern und Großmüttern einholen. Eine Generation gab ihre Erfahrungen selbstverständlich an die kommende weiter, bis die jüngste in ihre neue Aufgabe hineingewachsen war. Doch traditionelle Familienverbände schwinden und mit ihnen das Wissen, das in dieser neuen Lebensphase Sicherheit vermittelt. Selbst die Informationsflut des Internets kann da vom Segen schnell zum Fluch werden. Wer weiß in der Fülle der Ratschläge schon noch, welcher davon erprobt und seriös sind? Also wird der Kinderarzt zum wichtigsten Ratgeber.

Frank Wagner ist es wichtig, nicht den guten alten Zeiten der Großfamilie nachzutrauern und den Mangel der Gegenwart zu beklagen. Die Zeiten sind nicht besser oder schlechter als früher, sondern schlicht anders. Fakt ist: Er sah den Handlungsbedarf und das Informationsbedürfnis der jungen Eltern – und konnte dem in seinem Berufsalltag nicht Rechnung tragen. Doch Unwissenheit kann bei der Betreuung kleiner Kinder nachhaltige Konsequenzen haben. Frühe Aufklärung und Prävention ist da in jedem Fall sinnvoller, als später Probleme und Symptome zu heilen oder bekämpfen. Letztlich, so Frank Wagner, ginge es um das Kindeswohl. Das steht im Vordergrund. Also beschloss er, etwas zu tun: „Ich wollte der veränderten Struktur, die wir in Deutschland haben, Rechnung tragen."

Struktur – dies ist ein wichtiger Begriff, um seine Initiative zu verstehen. Denn was er im Kontakt mit jungen Eltern erlebte, offenbarte einen grundsätzlichen Mangel an Prävention in der Kinder- und Jugendmedizin. „Die jungen Eltern brauchen mehr als eine medizinische Versorgung, die brauchen präventive Ansätze um Fehlentwicklungen frühzeitig zu erkennen", so Wagner.

Offene Ohren, offene Türen

Er wusste, dass dies keine Aufgabe ist, die er allein in seiner Praxis lösen konnte – ja, dass es sogar wenig Sinn machte, sie alleine anzugehen. Zum Glück musste er es auch gar nicht. Denn zur gleichen Zeit wurden vor rund zehn Jahren auch Städte und Kommunen auf das Thema aufmerksam. Es setzte sich die Einsicht durch, dass man gar nicht früh genug beginnen kann, Kinder und Eltern auf ihrem Weg zu stärken – physisch und psychisch – und dass eine effektive Prävention sich in vieler Hinsicht lohnt, auch finanziell. Als Frank Wagner bei den zuständigen Stabstellen im Jugendamt Gießen mit seinen Ideen anklopfte, stieß er entsprechend auf offene Türen und Ohren. „Die hatten die gleiche Idee."

In gemeinsamen Gesprächen zwischen Gesundheitswesen, Jugendhilfe und Beratungsstellen in Trägerschaft öffentlicher Institutionen entstand als Kooperationsprojekt die Initiative „Hallo Welt". Das Konzept: Ehrenamtliche werden geschult und besuchen Familien von Neugeborenen, denen sie ein informatives Familienhandbuch übergeben. Wenn die Eltern dies wünschen, stehen ihnen die Berater bis zum 3. Lebensjahr des Kindes zur Seite.

Der Kinderarzt lobt die Kooperation mit den städtischen Stellen in den höchsten Tönen – es sei ein „produktiver, dynamischer Prozess, in den alle Institutionen einbezogen worden sind". Allein die Produktion des Handbuchs erforderte viel Zeit und das Engagement zahlreicher freiwilliger Helfer. Es ist ein dicker Ordner, den Frank Wagner präsentiert, in dem eine Menge Recherche und Arbeit steckt. Entstanden ist ein Nachschlagewerk über „Nützliches und Wissenswertes", in dem all die Fragen beantwortet werden, die Frank Wagner immer und immer wieder in seiner Praxis hört. Ebenso finden die Eltern in dem Handbuch Hinweise auf Einrichtungen und Institutionen, auf Gruppen und Angebote jeder Art, die ihnen in Gießen und Umgebung Hilfe bieten. Rund 20 Mitarbeiter trafen sich regelmäßig über zwei Jahre hinweg und brachten ihre Expertise ein. Dieses Familienbegleitbuch erscheint bald in der dritten Auflage. 2.000 Exemplare sind bereits verteilt worden, 2.000 neue kommen nun hinzu.

Übergeben wird das Handbuch von mittlerweile 60 geschulten Ehrenamtlichen. Dieser persönliche Kontakt zu der Zielgruppe, die unterstützt werden soll, ist ein wesentlicher Bestandteil des „Hallo Welt"-Projekts: „Wir wollten den Eltern nicht nur etwas in die Hand geben, sondern Zugang zu Menschen finden, die bildungsfern sind", sagt Frank Wagner. Das Ziel sei immer, die Eltern in ihrer neuen Rolle zu stärken.

Die erste Auflage wurde damals sofort zum Erfolg. Zur Verstetigung der Idee fehlten jedoch die finanziellen Mittel. Da brachte Hans-Heinrich Bernhardt, ein guter Freund von Frank Wagner und Vorstand bei der Volksbank Mittelhessen, die Bürgerstiftung ins Spiel. „Er hat uns vorgeschlagen, doch eine Partnerstiftung zu gründen", erinnert sich der Kinderarzt. Gesagt, getan.

Seither profitieren beide Seiten voneinander. „Hallo Welt" avancierte zum Vorzeigeprojekt und machte dadurch auch die Bürgerstiftung bekannter. „Wir haben umgekehrt sehr von der Bürgerstiftung profitiert", betont Wagner. Wenn es um das Einwerben von Spenden gehe, sei es sehr wertvoll, dass die „Hallo-Welt"-Stiftung bei einer großen seriösen Genossenschaftsbank verankert ist. Die Bürgerstiftung öffnete Türen zu Menschen, Institutionen und Unternehmen und stellte wichtige Kontakte her. So manche Zuwendung entstand auf diesem Weg. Darüber hinaus nimmt die Bürgerstiftung „Hallo Welt" die administrative Verwaltung des Vermögens ab. „Das hätte ich neben der Praxis gar nicht geschafft", betont Wagner. In all den Jahren waren sein Engagement und seine Expertise wichtiger als Zuwendungen aus seinem eigenen Budget. Er investierte das Geld aus einem Innovationspreis in seine Stiftung, ab und an auch mal eigene Mittel. „Aber es ging nie um mein Geld, das wäre auch nicht ausreichend gewesen, um das zu verwirklichen."

Vernetzen, präsentieren, treiben

Frank Wagner ist das Gesicht der Stiftung. Er vernetzt, präsentiert und treibt als Vorsitzender des Beirats deren Entwicklung voran. Die alltägliche inhaltliche Arbeit liegt bei der hauptamtlichen Koordinierungsstelle in Stadt und Landkreis Gießen. Hier betreuen und begleiten zwei hauptamtliche Mitarbeiterinnen die ehrenamtlichen Paten – die „Hallo-Welt"-Botschafter – und vermitteln die Kontakte zu den Eltern.

Mit seinem Präventionsprojekt knüpft Frank Wagner an die alte Erfahrung an, dass man sich schon selber bewegen muss, wenn man etwas bewegen will. Das haben ihm bereits seine Eltern vorgelebt. Wie so häufig, liegt das Ehrenamtsgen auch bei Frank Wagner in der Familie. Vater und Geschwister waren in der Kommune engagiert, sein Vater als Vorsitzender eines Sportvereins. „Das gehörte dazu." In frühen Jahren brachte sich Frank Wagner in der Jugendarbeit ein und übernahm Ehrenämter in der Gemeinde. „Das Soziale hat mich schon immer interessiert". Dann kamen Studium und Promotion und die Zeit der Facharztspezialisierung, die Zeit wurde knapp. Mit „Hallo Welt" erwachte Wagners Engagementsinn wieder zum Leben.

Seit fast zehn Jahren investiert er nun viel Zeit in sein Projekt, je nach Phase mal mehr, mal weniger. In wichtigen Phasen sind es auch mal ganze Tage am Wochenende. „Man muss im Engagement schon ein wenig auf sich achten", sagt er, und auch Grenzen setzen. Doch es mache ihm einfach „total Spaß". „Die Kinder sind es, die mich antreiben", antwortet er auf die Frage nach der Motivation, seine knapp bemessene Freizeit für „Hallo Welt" zu verwenden.

Seine Frau ist Lehrerin und versteht den Einsatz ihres Mannes für den Nachwuchs. „Uns beiden liegt das Wohlergehen der Kinder am Herzen – das passt gut zusammen". Es sei schon wichtig in einer langjährigen Beziehung, dass das ehrenamtliche Engagement vom Partner mitgetragen werde. In dem Fall der Wagners ergänzen sich die beiden auch thematisch: „Was wir in den ersten sechs Lebensjahren gut machen, davon profitiert sie als Lehrerin ja später in der Schule." Je früher die Präventionskette beginne, desto besser – am besten bereits vor der Geburt des Kindes.

„Hallo Welt" hat sich etabliert und ruht auf stabilen Säulen: Im Beirat sitzen nach wie vor die Initiatoren: zwei Frauen vom Jugendamt sowie Frank Wagner. Mittlerweile hat das Projekt eine neue Phase erreicht. Von der Prävention weitet sich der Ansatz auf eine insgesamt kinderfreundliche Stadt. Die neue Auflage erscheint im Jahr 2017. Neben der Herausgabe auf Deutsch wird es auch in russischer und englischer Sprache verlegt, die Ehrenamtlichen kommen aus den verschiedensten kulturellen Hintergründen und sprechen die Sprachen der Eltern. Die Inhalte des Buches sind bewusst nicht online zugänglich, auch weil sonst der Anreiz fehlen würde, einen der ehrenamtlichen Paten zu treffen.

Derweil ist die Nachfrage ungebrochen. „Hallo Welt" will nun noch einen Schritt weiter gehen. Man denke über darüber nach, über den Ratgeber hinaus die Elternkompetenz im persönlichen Kontakt und in Kursen zu stärken, sagt Frank Wagner. Denn eins sei sicher: Es lohnt sich, in die Kinder zu investieren.

Petra Krimphove

Die Bürgerstiftung Mittelhessen

Die Bürgerstiftung Mittelhessen hat ihren Sitz im hessischen Gießen. Wie alle Bürgerstiftungen kann sie eine Vielzahl von Stiftungszwecken verfolgen, dies aber nur in einem bestimmten Gebiet. Bei der Bürgerstiftung aus Gießen ist dies die Region Mittelhessen zwischen dem Großraum Kassel im Norden und dem Rhein-Main-Gebiet. „Für die Menschen – für die Region" ist das Motto der flächenmäßig größten Bürgerstiftung in Deutschland.

Gründung: Die Bürgerstiftung wurde 2004 auf Initiative der Volksbank Mittelhessen gemeinsam mit 37 Bürgern aus der Region gegründet. Sie will gesellschaftliche Vorhaben fördern, die im Interesse der Region und ihrer Bürger liegen, soweit öffentliche Mittel dafür nicht zur Verfügung stehen. Das Startkapital betrug 300.000 Euro.

Konzept und Arbeitsschwerpunkt: Die Bürgerstiftung fördert die Arbeit von gemeinnützigen Organisationen vor Ort und führt auch eigene Projekte durch. Durch die Beratung und die Verwaltung der Partnerstiftungen, fördert sie außerdem das Engagement von Privatpersonen und Unternehmen, die sich stifterisch engagieren wollen. Ein Schwerpunkt der Arbeit der Bürgerstiftung Mittelhessen ist der EhrenamtPreis für junge Menschen. Mit dem seit mehreren Jahren ausgelobten Preis will die Bürgerstiftung Mittelhessen auf den ehrenamtlichen Einsatz junger Menschen aufmerksam machen – zur Nachahmung für andere und als Ansporn für ehrenamtliches Engagement insgesamt.

Struktur: Ein drei- bis fünfköpfiger Vorstand verantwortet die Arbeit der Bürgerstiftung. Er wird für jeweils fünf Jahre vom Stiftungskuratorium gewählt, das den Vorstand unterstützt und kontrolliert. Alle Gremienmitglieder und Helfer arbeiten unentgeltlich, jeder ist willkommen mit Geld, Zeit und Ideen mitzuhelfen.

Die Bürgerstiftung Mittelhessen in Zahlen: Heute sind unter dem Dach der Bürgerstiftung 7 Partnerstiftungen versammelt. Sie unterstützen beispielsweise junge Eltern, fördern Gesundheit, Kultur und Natur, Bildung oder das kulturelle Erbe der Region. Das Stiftungsvermögen nähert sich der 2 Millionenmarke. Rund 250.000 Euro aus Stiftungserträgen und Spenden flossen bislang in die Unterstützung gemeinnütziger Vorhaben in verschiedene Orte in Mittelhessen.

Bürgerstiftung Mittelhessen
www.buergerstiftung-mittelhessen.de

„Wichtig ist das Interesse"

Ingrid Hildebrandt, Stifterin bei der Bürgerstiftung Nürnberg

Ingrid Hildebrandt, Jahrgang 1952, ist verwitwet und lebt in Nürnberg. Sie ist gelernte Bankkauffrau, hat als Vorstandsassistentin, später als Galeristin gearbeitet. Sie ist Mitglied des Stiftungsrates der Bürgerstiftung Nürnberg und betreut im Team der Bürgerstiftung den Bereich Kunst und Kultur. Sie engagiert sich in der Stifterinitiative der Stadt Nürnberg und hat zudem selbst eine eigene Stiftung gegründet.

Wer die lebenswertesten Städte Deutschlands nennen sollte, würde vermutlich nicht zuerst auf Nürnberg tippen. Dabei besitzt Bayerns zweitgrößte Stadt mittelalterlichen Charme, grüne Gürtel und Parks – und ein beeindruckendes Kulturangebot. Es gibt viele gute Gründe, in Nürnberg zu leben.

Das findet auch Ingrid Hildebrandt. „Ich fühle mich der Stadt sehr verbunden", sagt sie. „Ich würde auch nie wieder hier weggehen." Seit fast 30 Jahren lebt sie in der fränkischen Metropole, berühmt für seine Meistersinger, Albrecht Dürer und die Lebkuchen. „Das Schöne ist: Wenn ich in der Stadt unterwegs bin, treffe ich immer Leute, die ich kenne. Auch auf gesellschaftlichen Veranstaltungen – das ist ein Netzwerk, man trifft sich immer wieder an den gleichen Stellen. Diesen Zusammenhalt hätte ich in München zum Beispiel vielleicht nicht."

Wo man sich derart wohlfühlt, da liegt es nahe, sich zu engagieren. Seit 2010 arbeitet Ingrid Hildebrandt ehrenamtlich in der Bürgerstiftung Nürnberg. Sie ist Mitglied des sechsköpfigen Stiftungsrates und außerdem für den Bereich Kunst und Kultur zuständig. Zur Stiftung kam sie auf Umwegen. 2009 starb ihr Mann nach langer, schwerer Krankheit. Er hinterließ sie finanziell versorgt. „Als es dann soweit war, habe ich gedacht: Jetzt ist der Tag gekommen, ich muss was tun, ich muss mich wieder einbringen in die Gesellschaft." Als sie einem alten Kunden ihrer Galerie wiederbegegnete, die sie in den 90er-Jahren erfolgreich in Nürnberg geleitet hatte, machte der sie mit Inge Weise bekannt, der Vorstandsvorsitzenden der Bürgerstiftung. „Wir waren sofort auf einer Wellenlänge", sagt Hildebrandt. Zunächst orientierte sie sich, schaute sich die einzelnen Projekte an, half im Büro aus. „2013 wurde ich dann in den Stiftungsrat gewählt."

Die Bürgerstiftung Nürnberg wurde 2001 gegründet. In diesem Jahr feiert sie ihr 15-jähriges Bestehen. „Mit unserem Engagement wollen wir deutlich machen, wie wichtig es ist, sich für Gemeinschaftsaufgaben aktiv einzusetzen und Verantwortung in der Gesellschaft zu übernehmen", heißt es in der Selbstbeschreibung der Bürgerstiftung. Die Stiftung engagiert sich ausschließlich für Projekte in Nürnberg, und zwar vor allem in sozialen Projekten, die sowohl jungen als auch alten Menschen zugutekommen. „Letztlich geht es dabei immer auch um Hilfe zur Selbsthilfe", sagt Hildebrandt.

Dabei verfolgt und unterstützt die Bürgerstiftung sowohl eigene als auch externe Projekte. So veranstaltet sie seit 2005 in den Sommerferien das zweiwöchige, von Inge Weise initiierte Sommercamp: 60 sozial und sprachlich benachteiligte Kinder, oft mit Migrationshintergrund, verbessern hier spielend in Kleingruppen ihre Deutschkenntnisse. Dabei werden sie von Studierenden der Friedrich-Alexander-Universität Nürnberg-Erlangen betreut, die dafür in einer semesterbegleitenden Lehrveranstaltung im Fach Didaktik des Deutschen als Zweitsprache ausgebildet werden. Am Ende jedes Sommercamps steht eine Präsentation der Teilnehmenden – oft Theater, Tanz und Musik. So können auch Eltern, Verwandte, Freunde und die Öffentlichkeit miterleben, was die Schüler im Sommercamp gemacht und erreicht haben.

Das Sommercamp gehört zu den Herzensprojekten der Bürgerstiftungsvorsitzenden Inge Weise. „Um das Geld für dieses Projekt zusammenzubekommen, machen wir jedes Jahr ein Benefiz-Golfturnier", erzählt Hildebrandt. „Der Präsident des Golfclubs vom Golf Club am Reichswald in

Nürnberg ‚schenkt' uns für einen Sonntag den Platz. Wir verlangen dann einen Beitrag von ca. 80 Euro, gerne aufstockbar." Der gesamte Erlös fließt ins Sommercamp.

Geld sammeln als Hauptaufgabe

Ein anderes Projekt, von dem Hildebrandt gerne erzählt und das die Ausrichtung der Bürgerstiftung gut umreißt, ist der „Sinnesgarten" in einer Tagespflege für Senioren. Denn der Garten, der eine ehemalige Parkplatzfläche in eine blühende Landschaft für demenzkranke alte Menschen verwandelte, wurde von Nürnberger Schülern mitgestaltet: Zusätzlich zu den Sinneseindrücken, die die Hochbeete, Kräuterinseln und Pflanzen bieten, schufen sie im Werkunterricht eine Installation, die mehrere Sinne anspricht, aber auch keine Gefahr für die dementen Tagespflegegäste darstellt. „Das war für uns eine große Sache", sagt Hildebrandt, „das hat nämlich viel Geld gekostet". Möglich wurde das Engagement, weil die Stiftung den Erlös der Nürnberger Opernball-Tombola erhalten hatte.

Geld zu sammeln, gehört zu den wesentlichen Aufgaben der Bürgerstiftung. Zum einen geht es um Zustiftungen zum Kapital von gut 700.000 Euro: „So viel Geld haben wir nicht als Stiftungskapital, aber wir streben die Million jetzt an", sagt Hildebrandt. Gleichzeitig bemüht sich die Stiftung um Spendengelder. Denn durch die Niedrigzinspolitik der Europäischen Zentralbank wirft das Stiftungskapital kaum Erträge ab. Da wird jeder Euro gebraucht, um die Projekte finanzieren zu können. So initiierte die Bürgerstiftung den Nürnberger Suppentreff: Seit drei Jahren bereiten die drei Nürnberger Gasthäuser Bratwurst Röslein, Bratwursthäusle und Spießgeselle – alle drei befinden sich im Umkreis der Kirche St. Sebald – je eine Suppe zu, die die Stiftung beim Suppentreffen beim Bratwurst Röslein anbietet. „Alle, die kommen und eine Suppe essen, spenden etwas – nach oben offen", sagt Hildebrandt.

„Es gibt welche, die zahlen 50 Cent – und es gibt welche, die zahlen 100 Euro. Dafür rühren wir natürlich ordentlich die Werbetrommel." Der Suppentreff ist eine Veranstaltung, über die auch die Lokalpresse berichtete:

In diesem Jahr wurden zum Jubiläum eine Leberknödel-, eine Bierzwiebel- und eine Kartoffelsuppe gereicht. Der Erlös war für die musikalische Förderung in multikulturellen Gruppen bestimmt, wie etwa den Kinderchor der Nürnberger Grundschule am Herschelplatz.

Die öffentlichkeitswirksame Form ist dabei typisch für die Bürgerstiftung. „Das müssen wir machen, damit die Bürgerstiftung immer bekannter wird." Schließlich geht es mittel- und langfristig darum, neue Stifter, Spender und ehrenamtliche Mitarbeiter zu gewinnen. Auch auf das Benefizkonzert, das Ingrid Hildebrandt für den September organisiert, dürften die Medien anspringen. Da wird das auch weit über Frankens Grenzen hinaus bekannte Hildegard Pohl Trio spielen, das aus der Jazzpianistin Hildegard Pohl, dem Schlagzeuger Yogo Pausch und dem Bassisten Norbert Meyer-Venus besteht. Ingrid Hildebrandt hatte das Trio auf einem Geburtstag gehört, spontan angefragt und ebenso spontan eine Zusage erhalten. Für alle, die das möchten, wird es vor dem Konzert im Café Arte im Germanischen Nationalmuseum ein Dinner geben – eine weitere Einnahmequelle.

Man merkt es Ingrid Hildebrandt an, wie sehr sie sich über Coups wie diesen freut. Er vereint zwei Eigenschaften, die Hildebrandt beschreiben und mit denen sie wiederum die Bürgerstiftung prägt: Geschäftstüchtigkeit und die Liebe zur Kultur. Als Projektleitern Kunst und Kultur in der Bürgerstiftung bekommt sie alle Förderanträge auf den Schreibtisch, die mit diesem Bereich zu tun haben. Diese stellt sie auf der alle zwei Monate stattfindenden Entscheidungssitzung vor. „Wir berichten dann dem Vorstand, ob der Antrag unseren Satzungszwecken entspricht und ob wir bereit wären, das Projekt zu finanzieren oder zumindest einen Teil davon. Darüber wird dann abgestimmt." Schließlich ist die Bürgerstiftung eine zutiefst demokratische Angelegenheit.

Wer sich allerdings ein ausschließlich kulturelles Projekt fördern lassen will, hat schlechte Karten. „Kultur an sich fördern wir eigentlich nicht. Bislang stand unsere Kultur-Förderung immer im Zusammenhang mit unseren Schwerpunkten, also der Förderung von jungen und alten Menschen." Für die Stiftung stehen Menschen im Mittelpunkt, ihre individuelle Unterstützung, Projekte, in denen man konkret und nachhaltig Ergebnisse erzielen kann. Die Bürgerstiftung bezahlt zum Beispiel eine Musikerin, die im Hospiz im Nürnberger Stadtteil Mögeldorf mit Sterbenskranken Musik macht, individuell im Krankenzimmer. Manchmal spielt sie ihnen etwas vor, manchmal singt sie mit den Menschen. „Das ist ja auch Kultur", sagt Hildebrandt. „Und etwas, was wir unbedingt beibehalten wollen."

Immer tiefer eingetaucht

Neben ihrem Engagement in der Bürgerstiftung ist Ingrid Hildebrandt auch in der Stifterinitiative der Stadt Nürnberg aktiv. Vier Mal im Jahr treffen sich dort Stifter und in Stiftungen aktive Bürger, mit dem Ziel, potenzielle Stifter zu informieren, zu vernetzen und zu ermutigen, eine eigene Stiftung zu gründen. Zugleich soll der Austausch unter bereits vorhandenen Stiftungen und Stiftern gefördert werden. „Wir wollen ja immer mehr Stiftungen für Nürnberg haben, wollen, dass die Menschen ihr Geld in Stiftungen hinterlassen", sagt Hildebrandt. Die Bürgerstiftungsvorsitzende Inge Weise hatte sie gebeten, sie in dieses Gremium zu begleiten, auch um einander vertreten zu können. „Für mich war wichtig, über dieses Thema mehr zu erfahren, mehr zu wissen."

So tauchte sie immer tiefer in das Stiftungsthema ein, mit der Folge, mittlerweile selbst Gründerin einer Stiftung zu sein. „Wenn man sich mit etwas intensiv beschäftigt, kommt man auf gute Ideen. Die Stiftungsgründung hat mir natürlich keiner angetragen. Aber durch den gemeinsamen Lern- und Arbeitsprozess in der Bürgerstiftung bin ich auf die Idee gekommen."

Aus der Hinterlassenschaft ihres Mannes hatte sie jetzt die eigene Stiftung gegründet. „Mir kann ja jeden Tag was passieren", begründet Ingrid Hildebrandt ihren Schritt. Sie hat keine Familie, keine Kinder, nur eine 86-jährige Mutter, „die, wenn mir was passieren würde, mit meinem Nachlass restlos überfordert wäre". Also regelte sie ihr Erbe als Stiftung. „Ich weiß, dass das auch im Sinne meines verstorbenen Mannes ist", sagt sie. Das Geld soll gut verwaltet und an die entscheidenden Stellen weitergeleitet werden. „Vor allem soll es helfen." Die Stiftung begünstigt drei Nürnberger

Einrichtungen, denen Hildebrandt auf verschiedene Weise verbunden ist. „Ich kann das jederzeit wieder ändern", sagt sie. „Aber ich bin beruhigt, dass nun erst einmal etwas steht."

Hildebrandt sieht einen deutlichen Trend, Stiftungen zu gründen bzw. sich in Bürgerstiftungen zu engagieren. Was zum Beispiel am Stiftertag Anfang Oktober sichtbar wurde: „Wir stehen alle dahinter und werben Menschen, ihr Geld entweder zuzustiften oder selbst eine Stiftung zu gründen, damit das Geld nicht verloren geht." Zustiften – etwa in der Bürgerstiftung Nürnberg – sei natürlich einfacher, weil der Verwaltungsaufwand wegfällt. Beim Stiften aber habe man die volle Kontrolle darüber, wohin das Geld geht.

Dass sie in der Bürgerstiftung Nürnberg für Kunst und Kultur zuständig ist, hat mit ihren Leidenschaften zu tun: bildende Kunst und Musik. Während ihrer ersten Ehe bekam sie die Möglichkeit, ihr Hobby zum Beruf und sich mit einer Galerie in Nürnberg selbstständig zu machen. Ursprünglich kommt sie aus Köln. Wegen des Berufs ihres ersten Mannes zog sie mehrfach um, bis sie 1987 in Nürnberg landeten.

Ihre Galerie leitete sie elf Jahre lang mit Erfolg – „mit Werkstatt, mit Rahmung und allem Drum und Dran". Als Klaus Hildebrandt, ihr zweiter Mann, 1998 seine Firma verkaufte, um mehr Zeit füreinander zu haben, bat er sie, es ihm gleichzutun.

Bestens vorbereitet

Kulturgenuss und Engagement verbinden sich auch im Patronatsverein Opera Viva des Nürnberger Staatstheaters, in dem Ingrid Hildebrandt Mitglied ist. Außerdem wurde sie gerade für drei Jahre zur Schatzmeisterin der Künstlervereinigung „Der Kreis" gewählt, die in Nürnberg eine feste Größe ist. „Ich bin über meinen jetzigen Partner dazu gekommen und dann so reingerutscht", sagt sie. Eine Aufgabe, auf die sie durch ihre Galerie und die damit verbundene Selbstständigkeit bestens vorbereitet ist.

Ein geradezu hanseatisches Understatement ist Ingrid Hildebrandt ebenso zu eigen wie ein erfrischender Pragmatismus: „Das ist kein großer Aufwand, das kann ich daheim machen mit dem PC, das ist nicht viel." Pragmatismus ist auch notwendig bei so viel Engagement: Bürgerstiftung, Stifterinitiative, Förderverein, Schatzmeisterin – da kommt schon einiges zusammen. Etwa eine 60-Stunden-Woche? „Ach was!", sagt sie und winkt ab. „Ich bin ja nicht Frau Weise. Die hat als Vorstand der Bürgerstiftung eine 30-Stunden-Woche aktiv. Das möchte ich eigentlich nicht mehr. Aber ich bin beschäftigt, das schon."

Überhaupt – das mit der Arbeit und dem Aufwand sei relativ, gerade auch in der Bürgerstiftung. Man merkt immer wieder, dass Ingrid Hildebrandt ihr Engagement nicht an die große Glocke hängen möchte. „Man muss seine Zeit und sein Engagement reinbringen, auch zuhören. Natürlich muss man sich manchmal hinsetzen und was intensiv durchlesen oder mal zu etwas hinfahren und sich das ansehen. Aber so schlimm ist das nicht. Da ist man reingewachsen. Wichtig ist das Interesse. Alles, was man mit Lust und Interesse macht, läuft doch eigentlich von alleine. Wenn ich etwas tun kann und es auch noch Freude macht, dann mach ich das."

Allerdings hindert sie ihr Engagement nicht, das Leben zu genießen. „Ich fahre trotzdem weg, bin viel unterwegs, gehe wandern, schwimmen." Außerdem kümmert sie sich um ihre Mutter, die seit zwölf Jahren in Nürnberg lebt. „Sie wollte in meiner Nähe wohnen. Mittlerweile fühlt sie sich hier ebenfalls sehr wohl." Schließlich ist Nürnberg eine lebens- und liebenswerte Stadt. Dass das so ist und bleibt, dafür sorgen auch die Stiftungen und ihre Stifter – wie Ingrid Hildebrandt.

Georg Kasch

Die Bürgerstiftung Nürnberg

Die Bürgerstiftung Nürnberg ist in der mittelfränkischen Großstadt im nördlichen Bayern aktiv. Wie alle Bürgerstiftungen kann sie eine Vielzahl von Stiftungszwecken verfolgen, dies aber nur in einem bestimmten Gebiet. Die Bürgerstiftung Nürnberg konzentriert sich mit ihrem Engagement auf das Stadtgebiet Nürnbergs. Ihr Anliegen: Sich für das Gemeinwohl einzusetzen, Verantwortung für das Heute und für die Zukunft Nürnbergs übernehmen.

Gründung: Während der Vorbereitungen für die 950-Jahrfeier der Stadt Nürnberg kam die Idee einer Stiftung von Bürgern für Bürger auf und fand Unterstützer. Im Jahr 2001 gründeten 30 engagierte Menschen die Bürgerstiftung Nürnberg. Das Stiftungskapital belief sich auf 90.000 Euro.

Konzept und Arbeitsschwerpunkt: Die Bürgerstiftung fördert die Arbeit von gemeinnützigen Organisationen vor Ort und führt auch eigene Projekte durch. Ein nachhaltiges Projekt, das es bereits seit über zehn Jahren gibt, ist das Sommercamp Nürnberg,in dem es um die Sprachförderung für Kinder zwischen acht und zwölf Jahren geht. Zwei Wochen lang werden 60 Kinder in den Sommerferien von zukünftigen Lehramtsstudenten der Universität Erlangen-Nürnberg spielerisch in der deutschen Sprache gefördert. Der Großteil der Kinder kommt aus Migrantenfamilien. Neben Benefizveranstaltungen, mit denen Spenden eingeworben werden, fördert die Bürgerstiftung seit einiger Zeit auch das Engagement von Stifterinnen und Stifter. Unter dem Dach der Bürgerstiftung können hierfür Partnerstiftungen eingerichtet werden.

Struktur: Ein dreiköpfiger Vorstand verantwortet die Arbeit der Bürgerstiftung. Er wird für jeweils drei Jahre vom Stiftungsrat gewählt, der den Vorstand unterstützt und kontrolliert. Die Stifter und Zustifter gehören der Stiftungsversammlung an. Hier erfahren sie, woran die Bürgerstiftung arbeitet und was sie künftig vorhat. Alle Gremienmitglieder und Helfer arbeiten unentgeltlich, jeder ist willkommen mit Geld, Zeit und Ideen mitzuhelfen.

Die Bürgerstiftung Nürnberg in Zahlen: Heute beträgt das Stiftungskapitel der Bürgerstiftung etwa 700.000 Euro. Mit Spenden und Erträgen aus dem Stiftungskapitel fördert die Bürgerstiftung soziale Projekte, Bildung, Kunst und Kultur, Musikprojekte, Ausbildungsförderung und vieles mehr. Für diese und andere gemeinnützige Zwecke in Nürnberg hat die Bürgerstiftung dank des Engagements vieler Unterstützer bislang rund 1 Million Euro einsetzen können.

Bürgerstiftung Nürnberg
www.buergerstiftung-nuernberg.de

„Langer Atem"

Erika und Hans-Georg Cordes, Stifter bei der Bürgerstiftung Hannover

Erika und Hans-Georg Cordes (Jahrgänge 1937 und 1935) verheiratet, ein Sohn, haben bei der Bürgerstiftung Hannover eine Unterstiftung in ihrem Namen gegründet. Aus deren Erträgen sowie mit Spenden unterstützen die beiden vor allem Kinder- und Jugendprojekte in sozial schwachen Stadtteilen Hannovers.

Sich abrackern, um Karriere zu machen, Geld zu verdienen und es dann für Dinge auszugeben, die man eh nicht braucht oder die ihn zumindest kein bisschen glücklicher machen würden: Diese Art von Ehrgeiz widerstrebt Hans-Georg Cordes. Stattdessen leuchten seine Augen, wenn er von den vielen Segelurlauben und Reisen mit seiner Frau berichtet. Das ist es, was ihn glücklich macht. Sein weißer Bart erinnert an wenig an die Kutter-Kapitäne der Nordsee. Er mag es leger, ebenso wie seine Frau. Seit 50 Jahren wohnen die beiden in dem gleichen Haus in Resse nahe Hannover. Ein kleines, gemütliches Reihenhaus im Grünen, in das sie damals mit ihrem kleinen Sohn einzogen sind. „Den konnten wir einfach nicht in eine Stadtwohnung einsperren", sagt Erika Cordes mit einem Lachen. „So wie er immer durch die Gegend gehüpft ist."

In Resse bauten sich die beiden nach ein paar Umzügen quer durch Deutschland damals ihr Zuhause auf. Für Hans-Georg Cordes war es eine Rückkehr in seine Heimat. Seine Eltern besaßen in Hannover einen kleinen Milchladen in einem Arbeiterviertel. Hier erlebte er die Kriegsjahre. Durch das Geschäft musste die Familie nicht hungern, traumatische Erlebnisse blieben ihm erspart. So hielt der Krieg wie für viele Jungen seines Alters nicht in erster Linie Schrecken, sondern auch Abenteuer bereit. „Wir haben ja viel in Ruinen gespielt", sagt er. Doch er erinnert sich gut, wie erleichtert er war, als die Amerikaner schließlich kamen, keine Bomben mehr fielen und der Frieden einkehrte.

Schlimme Erinnerungen

In seiner Frau wecken die Kriegsjahre hingegen heute noch schlimme Erinnerungen an Nächte im Luftschutzkeller und an Morgen, an denen sie sich auf dem Weg zur Schule nur durch einen Sprung in die Brenn-nesseln vor dem Beschuss durch Tiefflieger retten konnte. „Ich bin mein Leben lang eher ängstlich gewesen", sagt die heute 80-Jährige. Daran seien wohl auch ihre Kindheitsjahre Schuld. Erika Cordes wuchs in einem Dorf im Südharz auf. Ihre alleinerziehende Mutter arbeitete als Gemein-deschwester und wurde während des Krieges über Jahre zur Arbeit in Lazarette abgeordnet. Ihre Tochter blieb derweil bei den Großeltern.

Erika Cordes erinnert sich gut daran, wie ihre Mutter, wenn sie denn im Ort war, sie mit auf Hausbesuche nahm. Vielleicht wurde hier die Grund-lage für ihr eigenes Interesse an der Medizin gelegt. Nach der Schule machte sie eine Ausbildung zur Medizinisch-technischen Assistentin und ging dann für ein Semester nach Freiburg im Breisgau. „Eine gute Zeit" sei das gewesen, doch für eine Verlängerung habe das Geld gefehlt. Deshalb zog Erika Cordes nach der Ausbildung nach Stuttgart und half einer Ärztin in ihrer Praxis. Ihr schmales Einkommen schickte sie heim zu ihrer Mutter, im Gegenzug half der Großvater seiner Enkelin finanziell aus.

So lernte sie schon in jungen Jahren selbstverständlich zu teilen, auch wenn es nicht viel zu teilen gab. Wer mehr hat als der andere, der gibt es ab, sodass alle leben können – ganz einfach.

Schon früh in ihrem Leben kreuzten sich Hans-Georgs und Erikas Wege. Sie lernten sich im Haus Sonnenberg kennen, einer bis heute existieren-den internationalen Begegnungsstätte im Harz. Da war Hans-Georg 19 und Berufsschüler, Erika noch Schülerin und gerade 17 Jahre alt. Leicht machte sie es ihm nicht; Hans-Georg musste sich ganz schön anstrengen, um Erika zu erobern. Im Haus Sonnenberg kamen bereits in den 50er-Jahren Jugendliche aus ganz Europa zusammen, um nach dem Krieg Verständigung und Versöhnung voranzutreiben. Sie hörten Vorträge, sahen Filme über die Konzentrationslager und erfuhren über die Kibbuzbewegung in Israel. Unter der Anleitung kluger Köpfe diskutierten sie tage- und nächtelang aktuelle gesellschaftliche Fragen. Man hört noch heute heraus, wie sehr diese Begegnungen das Paar geprägt haben.

Vehement und überzeugt

Hans-Georg Cordes hielt mit seiner Meinung schon damals nicht hinter dem Berg. Der Mief der 50er-Jahre, eines Deutschlands, das sich nur zögerlich mit seiner Vergangenheit und Schuld auseinandersetzte, machte ihn wütend. „Er hat mich furchtbar aufgeregt", erinnert sich Erika lachend, wie er sich da so vehement und überzeugt in die Diskussion einbrachte. Doch Hans-Georg Cordes hatte sich in das Mädchen verguckt und gab nicht auf. Etliche Briefe und eine gemeinsame Reise nach Schweden später funkte es dann auch bei ihr. Seiher sind sie ein Paar. „Mein Mann hat einen langen Atem", lacht seine Frau. Er bleibt eben dran.

Das gilt auch für sein Engagement: Hans-Georg Cordes trat früh in die SPD ein, auch in die Gewerkschaft, und engagierte sich später für seine Partei im Kommunalrat seiner Ortes. Soziale Gerechtigkeit, ein liberales Land, das waren und sind Themen, die ihn sein Leben lang begleitet und in seinem Engagement angetrieben haben.

Da spielen wohl auch seine Herkunft und das Aufwachsen in einer Arbeitervorstadt hinein. Gegen den Rat seines Lehrers ging er nach der Schule bei einem Automobilvertrieb in die Lehre, studierte dann anschließend doch noch auf einer Fachhochschule und wurde Ingenieur. An die Menschen, die er während der Lehre und bei einem Job in den Semesterferien in einer Gießerei traf, erinnert er sich heute noch. Zum Beispiel an einen älteren Kollegen, einen zurückhaltenden Mann, der in den Pausen von seiner schweren Tätigkeit am Ofen über die Oper schwärmte. „Der kannte sie alle." So lernte schon der junge Hans-Georg Cordes, Menschen nicht zu schnell zu kategorisieren und in Schubladen zu stecken.

Begegnungen sind der rote Faden, wenn die Cordesens von ihrem Leben erzählen. Erst im Haus Sonnenberg mit seinen Referenten und Schülern aus ganz Europa, Begegnungen mit Lehrern, die gute Ratschläge gaben, später mit Bekannten, die zu Freunden wurden, mit ehrlichen Kellnern in Italien, die die eigene Unwissenheit nicht ausnutzen, heute mit anderen Aktiven in der Bürgerstiftung, die durch ihre Haltung beeindrucken: Immer spielen Kommunikation und Kontakt die wichtigste Rolle.

Auch aus seinem Berufsleben erzählt Hans-Georg Cordes vorrangig von Situationen und Menschen. Er ist zwar Ingenieur, war aber nie der klassische Tüftler, der sich in technischen Details verliert, sondern ein guter Kommunikator, der den Austausch schätzte. So ist es wohl auch kein Zufall, dass er seine gesamte Laufbahn im Vertrieb verbrachte. 30 Jahre fuhr er für die gleiche Firma, einen mittelständischen Hersteller von Messgeräten, im Außendienst durchs In- und Ausland. „Ich war gerne draußen", sagt er. Reisen und andere Menschen treffen, das lag ihm mehr als im Büro zu arbeiten.

Gearbeitet um zu leben

Dann ergab sich mit Ende 50 die Möglichkeit auf den Vorruhestand. Sein Unternehmen wechselte den Besitzer und baute Stellen ab. Hans-Georg Cordes freute sich über die Gelegenheit und ergriff sie. Er wollte raus. „Mir waren Beruf und Karriere nie sonderlich wichtig", sagt er. „Ich habe gearbeitet, um zu leben und nicht umgekehrt."

Der Ruhestand brachte die ersehnte neue Freiheit mit sich. Fortan reiste das Ehepaar 20 Wochen im Jahr, besuchte Skandinavien, Frankreich und Italien. Am liebsten möglichst spontan und ohne Plan, von Pension zu Pension. Skandinavien hat es den beiden besonders angetan. Zum ersten Mal spürte Hans-Georg „dieses Erlebnis von Freiheit" auf seiner ersten

Reise auf seiner Vespa in Dänemark. Es ließ ihn nicht mehr los. Später half er während des Studiums für einige Monate bei einem Landwirt in Schweden aus. Daraus wurde eine lebenslange Verbindung – zu dem Land und den Menschen, die er damals kennenlernte. Man steht noch immer in Kontakt. Und nicht nur das: Jahr für Jahr fuhren die Cordesens über Jahrzehnte nach Schweden. Sie machten beide ihre Segelscheine, kauften sich ein Segelboot und stellte es dort oben unter, gepackt von der Weite und Schönheit der Landschaft und der Ostsee. Mittlerweile fällt Erika Cordes das Laufen schwer, lange Reisen und Segeltörns sind derzeit nicht möglich. Doch ihr Mann hat immer noch ein kleines Boot auf einem nahegelegenen See bei Hannover. Gemeinsam mit Segelfreunden genießt er die Ausflüge und überlässt anderen mittlerweile gerne das Ruder. „Ich bin sehr zufrieden, da ganz einfach nur zu sitzen und zu genießen."

Das Ehepaar Cordes verbringt viel Zeit zu Hause. Für Hans-Georg ist es deutlich mehr als früher. Doch für Erika Cordes war ihr Haus mit dem sonnendurchfluteten Wintergarten durch all die Jahrzehnte der Mittelpunkt ihres Alltags. „Du warst ja viel weg", erinnert sie ihren Mann. Die Cordesens heirateten 1961, lebten in Bochum und Stuttgart. Mitte der 60er kamen sie nach Hannover. Erika gab ihre Berufstätigkeit nach der Geburt ihres Sohnes 1963 auf und geriet prompt in die Situation, die für viele Frauen ihrer Zeit gar nicht so einfach war: Plötzlich fand sie sich in einem neu gebauten Reihenhausviertel wieder. So neu, dass es noch keine gewachsene soziale Infrastruktur gab, keine Kindergärten oder Müttertreffs, keine Möglichkeit des Austauschs. Doch der fehlte ihr. Also hieß es, selbst die Basis für das Gemeinschaftsleben zu legen.

Erika Cordes braucht viele Finger, um jene Initiativen aufzuzählen, die sie im Laufe der Jahre ins Leben rief: Zunächst eine Kindergruppe, dann eine Elterngruppe, in der die Erwachsenen sich austauschen konnten, eine Werkgruppe, einen Gesprächskreis, in dem man wie in alten Zeiten über wechselnde Themen diskutierte. Und schließlich einen Seniorenkreis. Sie organisiert die Referenten, jeder bringt etwas zum Frühstück mit.

Inzwischen liegen über 50 Jahre ehrenamtliches Engagement in der Gemeinde hinter ihr. In Unternehmen würde man dafür eine Auszeichnung und Belohnung bekommen. Doch Erika Cordes verlangt gar nicht Dank und Anerkennung. Im Gegenteil, man muss sogar ziemlich dezidiert nachfragen, bevor sie überhaupt von ihren Aktivitäten erzählt. „Ich habe mich seit meiner Jugend ehrenamtlich engagiert", sagt sie, als sei es selbstverständlich. „Man muss schon etwas selber machen und kann nicht erwarten, dass die anderen es tun."

Diese Einstellung teilt das Ehepaar, und es verbindet es. Beide waren von Jugend an in der evangelischen Kirche aktiv, interessierten sich für soziale Fragen und sind der Auffassung, dass jeder und jede Einzelne am Gelingen des großen Ganzen, an einer funktionierenden, gerechten Gesellschaft beizutragen hat.

Für Erika Cordes war die evangelische Kirche der Anker für ihr Engagement, ihre Ideen und Initiativen. Im Gegensatz zu ihrem Mann bezeichnet sie sich als gläubig, machte auch noch eine Ausbildung zur Lektorin und wirkte an Gottesdiensten mit. Mittlerweile tritt sie etwas kürzer. Jetzt wären eigentlich die Jüngeren dran, doch an deren Engagement mangelt es. Zu wenig Zeit? Zu wenig Gemeinsinn? Vermutlich beides, sagt Hans-Georg Cordes. Ihm behagt es nicht, dass die Welt immer schriller, schneller und ehrgeiziger wird. Immer oberflächlicher und unverbindlicher geht es zu, so empfindet er es.

Früh hat er sich mit seiner Frau verständigt, das Streben nach immer mehr Konsum nicht mitzumachen. „Wir haben immer gesagt: Wir wollen keinen Luxus, sondern nur das Notwendige", sagt Hans-Georg Cordes, und seine Frau nickt. Permanent neue Möbel, neue Autos, noch schöner, noch moderner, noch teurer. Das ist ihr nicht ihr Ding.

Kein Computer, kein Smartphone, keine E-Mail

Das Ehepaar Cordes macht da nicht mit. Sie besitzen weder einen Computer, noch Smartphones oder E-Mail-Adressen. „Das Fax ist unser modernstes Kommunikationsmittel", sagt Hans-Georg und lacht. Und das sei auch gut so. Er vermisse die schöne neue digitale Welt nicht, sagt er.

Viel lieber trifft sich er mit Freunden und Bekannten zum Segeln, verbringt Zeit mit seiner Frau, besucht Veranstaltungen oder liest.

Auch wenn sie technisch nicht mit der Zeit gehen: Offen bleiben für das andere, neugierig sein, finden die Cordesens trotzdem wichtig. Sie machen, was sie spannend finden; bloß eben jenseits der Trends. So schlossen sich die beiden Protestanten vor etlichen Jahren sogar einer katholischen Pilgerreise nach Rom an. Dort auf dem Petersplatz fuhr der Papst in seinem Papamobil direkt an den Hannoveraner Pilgern vorbei. Zum Greifen nah, erinnert sich Hans-Georg Cordes. Er, der erwartet hatte, dass seine katholischen Nachbarn nun vor Ehrfurcht erstarren würden, erlebte stattdessen deren humorvollen Kommentare und durchaus kritische Distanz zu den Inszenierungen des Vatikans in Rom. „Das hat mich total überrascht", sagt Hans-Georg Cordes. Es freute ihn zu sehen, dass die Katholiken und ihr Pfarrer seine eigene Leidenschaft zum Hinterfragen teilen. Hans-Georg Cordes ist fasziniert von Debatten und Diskussionen über ethische Fragen. Das ist seine Verbindung zum christlichen Glauben. „Er liest sehr viele Bücher darüber", sagt seine Frau und zeigt auf das gefüllte Regal im Wohnzimmer. Und sogleich erzählt ihr Mann von seiner Begeisterung Jesu nicht als Sohn Gottes, sondern als Mensch, der half, wo es nötig war. Jesus schuf Abhilfe, ohne die Kranken, Hungrigen und Bedürftigen auf ein besseres Leben im Jenseits zu vertrösten. In seinen Gleichnissen lässt er Lahme gehen, verwandelt Wasser in Wein und gibt der trauernden Mutter ihren Sohn zurück. Das ist praktische Lebenshilfe ohne lange zu fackeln, findet Hans-Georg Cordes, ohne Moralpredigten und dem Abverlangen von Versprechen. „Er ist einfach da und hilft. Das gefällt mir", sagt der 80-Jährige.

Ohne viel Schnickschnack, ohne Selbstbeweihräucherung, so sollte Hilfe nach Meinung des Ehepaars aussehen. Dafür schätzen die beiden die Bürgerstiftung Hannover. Als Hans-Georg Cordes vor 20 Jahren von deren Gründung las, war er sofort von der Idee angetan, dass sich hier Bürger zusammentun, um in ihrem Umfeld einen Unterschied zu machen. Von Anfang an besucht das Paar die Versammlungen und tauscht sich mit Gleichgesinnten aus. „Ausgesprochenen Spaß" machen ihnen diese Zusammentreffen, auch wegen des bunten Spektrums an Menschen, auf die sie dort treffen. Vom Adel bis zur einfachen Angestellten. Jeder gibt, so viel er kann, bei manchen sind das Millionen, bei anderen ein paar hundert oder ein paar tausend Euro. „Wir haben da tolle Leute kennengelernt", sagt er. Und ganz wichtig für Hans-Georg Cordes: „Niemand setzt sich in Szene."

Handfeste kleine Projekte

Anfangs spendeten sie. Dann wurden die ersten privaten Stiftungen unter dem Hannoveraner Dach ins Leben gerufen. „Da haben wir Ende 2002 unsere eigene eintragen lassen", erzählt Hans-Georg Cordes. Die „Erika und Hans-Georg Cordes Stiftung" startete mit 30.000 Euro. Derzeit gehen 3.500 Euro in den Kapitalstock der Stiftung, weitere 1.500 Euro fließen direkt als Spende hinein und sind damit gleich verfügbar. Die Cordesens reagierten damit auf Anraten des Gründers der Hannoveraner Bürgerstiftung, Christian Pfeiffer, auf die niedrigen Zinsen auf dem Kapitalmarkt. So ergeben Zinsen und Spende zusammen derzeit 2.000 Euro pro Jahr. Mit diesem Betrag hat das Paar vor allem Kinder- und Jugendprojekte in sozial benachteiligten Stadtvierteln Hannovers unterstützt. Einmal kauften sie acht afrikanische Trommeln für eine Kindertrommelgruppe und freuten sich an deren Aufführungen, ein anderes Mal floss das Geld in die Wohnungsrenovierung eines Clowns, der mit seiner Arbeit das Viertel bereicherte. Es sind handfeste kleine Projekte, die einen Unterschied machen, finden die Cordesens. Häufig treffen sie die Menschen, die sie unterstützen, persönlich und erfahren mehr von deren Arbeit. Das Ehepaar genießt diese Begegnungen.

Geben bis zum Schluss, das haben die beiden bereits festgelegt. „Unser eigener Besitz stammt zur Hälfte aus Erbschaften", sagt Hans-Georg Cordes. Es sind keine Millionen, aber es ist genug, um anderen zu helfen. Daher haben sie in ihrem Testament verfügt, dass diese Hälfte einst ebenfalls in ihre Stiftung fließen und dort weiter im Sinne der Stifter im Leben benachteiligter Menschen einen kleinen Unterschied machen soll.

Petra Krimphove

Die Bürgerstiftung Hannover

Die Bürgerstiftung Hannover ist die Bürgerstiftung in der niedersächsischen Landeshauptstadt. Wie alle Bürgerstiftungen kann sie eine Vielzahl von Stiftungszwecken verfolgen, dies aber nur in einem bestimmten Gebiet. Eigeninitiative ist für die Bürgerstiftung der Schlüssel zu einem lebenswerteren Miteinander. Dafür steht sie – getragen von Bürgerinnen und Bürgern aus der Stadt und der Region Hannover.

Gründung: Als eine der ersten Bürgerstiftungen in Deutschland wurde die Bürgerstiftung Hannover im Jahr 1997 von engagierten Menschen aus der Stadt gegründet. Das Stiftungskapital betrug damals 100.000 DM.

Konzept und Arbeitsschwerpunkt: Die Bürgerstiftung unterstützt und initiiert nachhaltig wirkende Projekte, insbesondere für Kinder und Jugendliche, aber auch in den Bereichen Senioren, Kultur und Soziales. Die Bürgerstiftung Hannover ist dabei in erster Linie fördernd tätig. Sie hilft ihren Projektpartnern mit Rat und Tat und nicht nur mit finanziellen Mitteln. Ein Projekt mit besonderer Signalwirkung ist die „Musikpatenschaften – MUPA". Es ermöglicht musikbegeisterten Schülern aus Familien in schwierigen wirtschaftlichen Verhältnissen, ein Instrument zu erlernen und stärkt damit deren Persönlichkeitsentwicklung. Die Bürgerstiftung Hannover fördert das Engagement von Menschen, die eine Stiftung gründen wollen.

Struktur: Ein drei- bis siebenköpfiger Vorstand verantwortet die Arbeit der Bürgerstiftung. Er wird für jeweils zwei bis vier Jahre vom Stiftungsrat gewählt, der den Vorstand unterstützt und kontrolliert. Der Stiftungsrat wird von der Stiftungsversammlung gewählt. Hier sind die Stifter und Zustifter versammelt. Alle Gremienmitglieder und Helfer arbeiten unentgeltlich, jeder ist willkommen mit Geld, Zeit und Ideen mitzuhelfen. Die Bürgerstiftung Hannover beschäftigt auch angestellte Mitarbeiter.

Die Bürgerstiftung Hannover in Zahlen: Heute sind unter dem Dach der Bürgerstiftung rund 40 Partnerstiftungen versammelt. Sie fördern soziale Projekte, Bildung, Kunst und Kultur und vieles mehr. Das Stiftungsvermögen ist auf 13 Millionen Euro gestiegen. 3,3 Millionen Euro aus Stiftungserträgen und Spenden flossen bislang als Förderung in über 820 gemeinnützige Projekte in Hannover.

Bürgerstiftung Hannover
www.buergerstiftung-hannover.de

„Ich bin kein Unbekannter hier"

Uwe Stadter, Unternehmer, Spender und Gründungsstifter der Bürgerstiftung Wiesloch

Uwe Stadter, Jahrgang 1946, lebt in Wiesloch. Er ist Kunststoffingenieur und seit dem Ende seiner beruflichen Tätigkeit als Angestellter in der Industrie hauptberuflich Unternehmer. Er hat einen feuerhemmenden, ungiftigen Kunststoff entwickelt, den er zurzeit zur Marktreife bringt. Der Bürgerstiftung Wiesloch ist er als Mitgründer und regelmäßiger Spender verbunden. Uwe Stadter ist seit 46 Jahren in erster Ehe verheiratet und hat drei Kinder.

Man darf sich wohl ein kleines bisschen wundern, dass Uwe Stadter bei der Bürgerstiftung Wiesloch mitmacht. Er gehört sogar zu deren 25 Gründungsmitgliedern. Dabei ist er sonst voller Skepsis, wenn es darum geht, bei einem Verein oder gar einer Partei mitzumachen.

„Ich bin ein sehr selbstständiger Mensch", sagt er. „Ich will mir nicht sagen lassen, was ich zu tun oder zu lassen habe." Zwar sei er politisch interessiert und handelt auch dementsprechend. Aber er will selbst bestimmen, was er macht, wenn es um Dinge geht, von denen er wirklich was versteht. Um zu verdeutlichen, was er meint, zitiert er seine Enkelin. Die sagt über ihn: „Dem Opa gibt man besser gleich recht, denn der Opa hat immer recht", und spart sich Zeit und Ärger.

Und so einer engagiert sich in einer Bürgerstiftung? „Ja", sagt Uwe Stadter, „gerade da."

Rentner? Vergiss es

Uwe Stadter regt sich manchmal auf, kann sich ärgern, notfalls streiten, und er fühlt sich verantwortlich für die Welt, in der lebt. Er ist ein Macher. Viel unterwegs, immer in Aktion, wenig Zeit. Vom Alter her fällt er längst in die Kategorie Rentner, aber das kann man gleich wieder vergessen, denn Stadter hat noch aus seinem Angestelltendasein heraus ein eigenes Unternehmen gegründet. Es ist zu seinem Lebensprojekt geworden. Jetzt macht er endgültig, was er will. Falls das so klingt, als hätte er sein Hobby zum Beruf gemacht: falsch. Richtig ist, dass er nach der Rente noch zum ganz großen Wurf angesetzt hat – in beruflichem Sinne, aber etwas Welt-verbesserung ist auch dabei. Uwe Stadter hat einen feuerhemmenden Kunststoff entwickelt, den jeder zu schätzen wissen wird, der mit Brand-schutz zu tun hat. Den gilt es jetzt auf den Markt zu bringen.

Stadter ist Kunststoffingenieur, und den Stoff, der sein Lebenswerk ist, hat er nach seinem Ausscheiden aus dem Angestelltendasein entwickelt. Diese Erfindung war eine Fortsetzung seiner Arbeiten zum Lärmschutz, mit dem Stadter vor Jahrzehnten zu tun hatte: Als in den 80er-Jahren die Kohlekraftwerke in Deutschland mit Rauchgasentschwefelungsanlagen ausgerüstet wurden, galt es, die Geräusche zu dämpfen, die in den Rohren der Anlagen entstanden, wenn es draußen stürmte oder regnete. Schwer vorstellbar im ersten Moment aus Laiensicht, was da so laut sein sollte, aber wenn man erfährt, dass solche Rohre zwischen fünf und neun Metern Durchmesser haben, wird die Sache mit dem Lärm nachvollziehbar. Das spezielle Problem bei der Rauchgasentschwefelung ist: Die Gase, die zwecks Entschwefelung durch die Rohre geblasen werden, sind 600 bis 700 Grad heiß und setzten in den ersten Versuchen bei der Entwicklung der Anlagen die herkömmlichen schalldämpfenden Materialien in Brand. Es brauchte also etwas Hitzefestes.

Die Beschichtung, die Stadter in den 80er-Jahren für diese Anlagen ent-wickelte, konnte danach zu einer Masse weiterentwickelt werden, die auf Aluminiumteile in ICEs gespritzt wurde, um zu verhindern, dass das Aluminium im Falle eines Feuers schmilzt. Die Idee, aus diesem Material ein vielseitig einsetzbares Brandschutzprodukt zu machen, entwickelte

Stadter in seinem „Un"-Ruhestand über seine eigene Firma weiter. Herausgekommen ist der „akusta-Plast Fire Stop": ein formbarer Kunststoff, der sich zu dünner Folie ebenso wie zu einem festen Körper unterschiedlichster Gestalt weiterverarbeiten lässt. Versucht man ihn zu entzünden, werden schlimmstenfalls CO_2 und Wasserdampf freigesetzt – kein Vergleich zu den giftigen Dämpfen, mit denen brennende oder schmelzende Erdölprodukte herkömmlicherweise Umwelt und Gesundheit zerstören können. Doch so weit soll es ja gar nicht erst kommen, und die bisherigen Erkenntnisse stimmen ausgesprochen hoffnungsvoll: Überzieht man mit einer Folie aus Stadters Kunststoff beispielsweise eine Holztreppe und entzündet sie – so geschehen unter Einsatz einer ordentlichen Ladung Brandbeschleuniger im Test mit der Technischen Hochschule Köln – passiert: nichts. Während die unbeschichtete Treppe im Vergleichsversuch binnen drei Minuten lichterloh in Flammen stand, stieg die Temperatur auf der mit Stadters Folie beschichteten Treppe auf müde 65 Grad Celsius und ließ „cool" den Brandbeschleuniger sich 20 Minuten lang austoben, bis er aufgebraucht war, ohne dass sich die Treppe weiter erhitzt hätte.

Es sieht so aus, als ob Stadter mit seiner Erfindung, die sich in Häuser, aber auch in Fahrzeuge und Maschinen einbauen lässt, einen echten Coup gelandet hat. Und zwar nicht nur als schönen Traum von einer sichereren Welt, sondern ganz lebensnah und für die Praxis: Die Herstellungskosten für den „Fire Stop" liegen in einer massentauglichen Höhe, und damit kann das Produkt produziert und eingesetzt werden. Das ist auch ganz klar Uwe Stadters Ziel. Die Patentanmeldung in den USA war erfolgreich, in Deutschland ist sie auf dem Weg. Rührig stellt Stadter sein Produkt Feuerwehrleuten, Wissenschaftlern und Brandschutzexperten vor, gibt Interviews in der Presse und demonstriert vor laufenden Fernsehkameras, was die Folie kann. An der Produktion interessierte Unternehmen haben sich bereits gemeldet. Es sieht so aus, als ob die Mühe sich lohnt. In Zukunft dürfte, wenn alles klappt, der Brandschutzkunststoff von Uwe Stadter nicht nur die Sicherheit vieler Menschen verbessern, sondern für seinen Erfinder auch ein ziemlich einträgliches Geschäft generieren.

Eine gute Sache für viele Menschen also. Und was hat das jetzt mit der Bürgerstiftung zu tun?

Sie wird von den Erträgen profitieren, hat Stadter beschlossen. Die Lizenzerlöse, die er von seiner Erfindung erwartet, will er, gleich in welcher Höhe, mit der Bürgerstiftung teilen. Zehn Prozent soll sie bekommen – zur freien Verfügung, nicht zweckgebunden. Das hat Stadter bereits in einer Verfügung festgelegt. Und falls man darin einen Widerspruch sieht zu seiner sonstigen Zurückhaltung gegenüber Vereinen und Organisationen, die er selbst gern betont, dann antwortet er, dass die Bürgerstiftung überparteilich ist und keiner Religion angehört. Es gibt kein Programm, das man unterschreiben muss. Die Stiftung hat keine Ideologie. Das ist ein zentraler Punkt für Uwe Stadter, den Pragmatiker. Wichtig ist ihm außerdem der Ewigkeitscharakter der Stiftung. Es kann nicht mal eben jemand das Geld für etwas ganz anderes ausgeben als ursprünglich gedacht. „Die Stiftung ist nachhaltig", sagt er. Deshalb habe er sich nach dem Ausscheiden bei seinem letzten Arbeitgeber hier verankert.

Kein Unbekannter im Ort

Darauf gekommen, eine Stiftung mitzugründen, ist Uwe Stadter vor zehn Jahren über einen Zeitungsartikel, in dem über die Idee, in Wiesloch eine Bürgerstiftung zu gründen, berichtet wurde. Einer der Initiatoren war ihm wohlbekannt: Es handelte sich um Lars Castelluci, den ehemaligen Schulkameraden eines von Stadters Söhnen, als Kind öfter mal Gast im Hause Stadter. „Da wollte ich gleich mitmachen", sagte Stadter. Der persönliche Kontakt – und der damit verbundene kurze Weg – ist es, was ihm liegt.

Persönlich läuft in Wiesloch, einer kleinen Stadt mit 25.000 Einwohnern, ohnehin so gut wie alles. „Ich bin kein unbekannter Bürger hier", sagt Stadter. Kein Wunder: Er ist in Wiesloch zur Schule gegangen, zog nur vorübergehend in seiner Ausbildungsphase weg, kam 1973 wieder zurück und ist seitdem ihn Wiesloch ansässig. Er hat ein Haus, ist verheiratet, hat seine Söhne und eine Tochter hier großgezogen, hat mit Freunden Handball gespielt. So selbstverständlich, wie das klingt, ist es nicht; es hätte auch anders kommen können. Stadter war in großen, internationalen Unternehmen tätig. Als Produktionsleiter, Werksleiter, Vertriebsleiter,

Direktor. In solchen Positionen kann man den Standort auch wechseln. Aber Uwe Stadter ist mit seiner Familie in Wiesloch geblieben.

Trotzdem hat er weit über den Tellerrand hinausgeblickt in seinem Job. Er kam viel herum in der Welt, war immer wieder wochenlang im Ausland. „Da sieht man, wie man es macht – oder eben auch nicht", sagt er. Und er meint damit das Materielle – die Unterschiede zwischen Arm und Reich; aber auch die politische Ebene. Nachhaltig beeindruckt haben ihn seine Reisen in die Staaten des damaligen Ostblocks: die DDR, Jugoslawien, die Sowjetunion. Nicht nur, dass der Lebensstandard dort bekanntermaßen ein anderer war als in der Bundesrepublik, hat Uwe Stadter zu denken gegeben. Sondern auch die Beschränkungen der Reise- und Meinungsfreiheit. „Wir im Westen sind so privilegiert", hat er damals gedacht.

Freilich hätte er nicht in die Ferne schweifen müssen, um etwas über Unterschiede zwischen angenehmem und schwierigem Leben zu erfahren. Da reicht auch der Blick in die eigene Familie. Stadters Vater war Flieger im zweiten Weltkrieg, von 1935 bis 1945. Was wurde man anschließend damit im Frieden? Nichts. Ganz unten musste der Vater anfangen. Als Hilfsarbeiter, denn er konnte ja nichts außer fliegen. „Das war nicht leicht", sagt Stadter. Vier Jungs hatten die Eltern großzuziehen. Kein Wunder, dass das Geld fürs Studium nicht reichte und BAföG war noch nicht erfunden. Stadter ging also in die Lehre, als Kunststoffschlosser. Der Vater, inzwischen in der Qualitätskontrolle eines Kunststoffunternehmens, hatte ihn darauf gebracht. Er machte seinen Kunststoffmeister und Kunststofftechniker, dann nahm er sein Erspartes, setzte noch ein Studium an der Ingenieursschule obendrauf und schuf so die Grundlage für seine berufliche Karriere.

Die nahm dann sehr, sehr viel Zeit in Anspruch – mehr als es einem engagierten Menschen wie Uwe Stadter lieb sein kann. „Ich konnte vieles nicht machen", sagt er. Mal Handballtrainings geben – Fehlanzeige. Sich an der Schule seiner Kinder engagieren – Fehlanzeige. So ein Job frisst alle Zeit; an Verpflichtungen außerhalb der Arbeit ist kaum zu denken, und wenn mal Zeit ist, kommt erstmal die Familie dran.

Aber manchmal fügen sich die Sachen ganz geschickt zusammen. Uwe Stadters Job beispielsweise erwies sich trotz der zeitlichen Vereinnahmung auch als Glücksgriff, denn er erlaubte ihm, sich mit seinem Fachwissen auf eine Weise für das Gemeinwohl einzusetzen, die vielen anderen nicht möglich ist, aber gebraucht wird. „Die Leute hier wissen, dass ich mich auskenne und fragen mich manchmal um Rat", erzählt er. Beispielsweise beriet er die örtliche Bürgerinitiative, als es um den Ausbau der Autobahn A6 ging. Da war er in mehrfacher Hinsicht in seinem Element: Er konnte sein Expertenwissen ausspielen und nachweisen, dass der erste Entwurf für den Ausbau einen gravierenden Fehler beim Lärmschutz enthielt. Mit Erfolg: Die Regierung zog den Entwurf zurück und musste nachbessern – und den betroffenen Bürgern, die unter dem Lärm gelitten hätten, war geholfen.

Es freute ihn natürlich auch der Sieg an sich. Ungerechtigkeiten oder Schlampereien ärgern ihn. Er lässt sich und andere nicht gerne übers Ohr hauen. Wer es trotzdem versucht und sich dabei von Uwe Stadter erwischen lässt, hört besser auf den Rat von dessen Enkelin und gibt ihm schnell von selbst recht. Wer den Tipp des Mädchens nicht befolgt, erlebt ihn von seiner hartnäckigen Seite. Und die ist ziemlich ausgeprägt. So ausgeprägt, dass er es damit sogar schon einmal in die Berichterstattung des Nachrichtenmagazins „Der Spiegel" schaffte: Da legte er sich mit dem Automobilkonzern Volvo an, weil ihm dessen Auto im Fußraum zu wenig Platz bot, um mit umrandeten Straßenschuhen noch die Pedale bedienen zu können.

Jedesmal der Größe wegen Sportschuhe anziehen zu müssen, wenn er ins Auto stieg, sah Stadter jedoch nicht ein, und forderte den Hersteller auf, den Fußraum entsprechend umzubauen. Volvo hielt mit dem Verweis in die Damenliga dagegen: Frauen würden auch ihre Stöckelschuhe gegen verkehrssichere Modelle austauschen müssen, wenn sie sich ans Steuer setzten. Überdies sei Stadter einfach ungelenk. Damit erreichte Volvo genau das Gegenteil des Bezweckten: Stadter fasste die Zweifel an seinen motorischen Fähigkeiten und den Verweis auf die Damenliga nicht als Trost, sondern als Kampfansage auf und reichte Klage ein: „Ich kannte mich mit Gewährleistungen aus und wusste, dass ich Recht habe!"

Da half dem Automobilkonzern auch der Versuch zurückzurudern nichts mehr. Stadter lehnte das Angebot ab, den Wagen zurückgeben zu dürfen, und zog die Sache durch. Ergebnis: 1.600 Euro Aufwandsentschädigung für die erzwungenen Schuhwechsel.

Schon klar, dass man sich mit solcher Konfliktbereitschaft nicht nur Freunde macht. „Manche Leute mögen mich nur, wenn sie mich brauchen", witzelt Stadter. Er kann damit leben; auf der anderen Seite, etwa beim jahrelangen Kampf um die Patente, aber auch im Einsatz gegen Behördenschlampereien zahlt sich seine Fähigkeit, beharrlich zu sein, ja aus. Uwe Stadter ist ein sehr hilfsbereiter Mensch, wie nicht zuletzt sein Engagement für die Bürgerstiftung zeigt. Seiner Linie, keine Ämter anzunehmen, ist er treu geblieben; schließlich ist er immer noch beruflich aktiv. Aber er spendet oft und gern: zum Beispiel Dauerfreikarten für Konzerte, die die Musikschule an weniger begüterte Jugendliche weitergeben kann. Oder er nimmt mal ein paar Leute mit zum Handball. Wenn es etwa darum geht, eine wohltätige Veranstaltung für die Bürgerstiftung auf die Beine zu stellen, greift Stadter, der hier alle wichtigen Personen kennt, zum Hörer und organisiert Spenden, Räume, Catering, Reisegutscheine und Tombolagewinne. Er eignet sich vielleicht nicht als Stimmvieh oder Fußvolk, aber Projekte, die er gutheißt, unterstützt er gerne. „Da muss man mir sagen, was ich tun soll, dann mach ich das", sagt er.

„Kümmer dich mal"

So läuft es auch zuhause. „Meine Frau gibt mir die Anweisungen, und ich setz die dann um", lacht er, und dass er das so vergnügt erzählt, hat den Grund, dass er gut damit gefahren ist. Richtig gut! Er ist auf diese Weise nämlich zu einer Tochter gekommen, die er, wie er befürchtete, selbst nicht in die Welt zu setzen vermochte. In seiner Familie zeugten sie schon in der zweiten Generation alle nur Jungs! Seine Eltern bekamen nur Söhne, und er selbst wie auch seine drei Brüder haben nur Söhne. Aber natürlich war das nicht der Grund dafür, dass seine Frau ihn eines Tages ebenso spontan wie entschlossen beauftragte, die Adoption eines indischen Kindes in die Wege zu leiten.

Es war vielmehr so, dass Stadters Frau am Abend ihres Geburtstags im Dezember 1978, während ihr Mann auf einer Tagung weilte, im Fernsehen Berichte über die sogenannten „Boat People" verfolgte und entsetzt war. Wer sich daran noch erinnert und heute die Geschichten der Flüchtlinge aus dem arabischen Raum verfolgt, dürfte das eine oder andere traurige Déjà-vu erleben: Damals flohen gut eineinhalb Millionen Menschen aus dem ehemaligen Südvietnam, das in einem grausamen Krieg vom Norden besiegt worden war. Sie wollten sich vor den neuen Machthabern über das Meer in die benachbarten Länder retten: in überfüllten, nicht wirklich seetüchtigen Booten, ohne ausreichend Wasser oder Sonnenschutz. Schätzungsweise ertranken bis zu 250.000 Menschen. Viele, die überlebten, landeten in Lagern. Andere wurden von den Nachbarstaaten zurück aufs Meer geschickt. Es war ein einziges Grauen. Uwe Stadters Frau musste ihrem Mann nicht lange erklären, warum sie etwas für Menschen in armen Ländern tun wollte.

Das Mädchen, das sie adoptierten, wurde am 22. Dezember 1978 in Indien geboren. Bis sie es nach Deutschland holen konnten, dauerte es noch fast ein Jahr. Die Stadters wickelten die Adoption offiziell und legal mitsamt einem ordentlichen Gerichtsverfahren in Indien ab, über eine Organisation, die mit den Vereinten Nationen zusammenarbeitete.

Aus heutiger Sicht kann man sich fragen, ob eine solche Adoption eine Lösung für humanitäre Probleme sein kann. Das Glück, das diese gute Tat mit sich brachte, ist davon freilich völlig unbeschadet. Überdies beließen es die Stadters nicht bei der Adoption. Sie haben darüber hinaus auch Patenschaften übernommen: eine in Indien, eine in Kamerun, eine auf den Philippinen, und sie unterstützen ein SOS Kinderdorf.

Auch bei den Aktivitäten der Bürgerstiftung richtet sich Stadters Augenmerk auf Kinder. „Kinder können sich nicht wehren und, im Gegensatz zu Erwachsenen, nicht für sich sorgen. Sie sind auf andere Menschen angewiesen", sagt er. „Und Kinder sind unsere Zukunft." Deshalb unterstützt er die Bürgerstiftung in Projekten wie dem Notfallfonds, der einspringt, wenn eine bedürftige Familie kurzfristig etwas braucht. Bildung findet er wichtig, und Gleichstellung. Und dass Kinder sich nicht krank melden müssen, wenn die Klassenfahrt ansteht, weil die Eltern das Geld nicht haben.

„Ich weiß ja, dass es schwer sein kann", sagt Stadter mit Bezug auf die Kämpfe seiner eigenen Eltern. Da braucht es viel Willenskraft, glaubt er. Und Zusammenhalt. In der Familie, aber auch in der Nachbarschaft.

Und für das, was darüber hinausgeht, hat Uwe Stadter seine Wirkungs-stätte bei der Bürgerstiftung gesucht – und gefunden.

Gudrun Sonnenberg

Die Bürgerstiftung Wiesloch

Die Bürgerstiftung Wiesloch hat ihren Sitz in der 26.000 Einwohner zählenden gleichnamigen Kleinstadt in der Nähe von Karlsruhe. Wie alle Bürgerstiftungen kann sie eine Vielzahl von Stiftungszwecken verfolgen, dies aber nur in ihrer Stadt. Unter dem Motto „Miteinander – Füreinander" will die Stiftung dem Gemeinwohl in Wiesloch dienen, den sozialen Zusammenhalt stärken, Chancengleichheit und das Bewusstsein für ökologische Zusammenhänge fördern.

Gründung: Auf einem Neujahrsempfang der Stadt wird die Idee Bürgerstiftung der Öffentlichkeit vorgestellt. Ein Initiativkreis bildet sich und 90 Wieslocher Bürger und Unternehmen bekennen sich zur geplanten Bürgerstiftung. Mit 150.000 Euro wird 2006 die Bürgerstiftung Wiesloch gegründet.

Konzept und Arbeitsschwerpunkt: Die Bürgerstiftung fördert die Arbeit von gemeinnützigen Organisationen vor Ort und führt auch eigene Projekte durch. Die Schwerpunkte der Stiftungsarbeit reichen von Maßnahmen der Kinder- und Jugendarbeit über Projekte unter den Leitbildern „Miteinander vor Ort" und „Nachhaltiges Wiesloch" bis hin zu Aktivitäten im Netzwerk Asyl. Wer sich finanziell oder als Zeitstifter bei der Bürgerstiftung engagieren möchte, kann ebenso ein passendes Projekt finden wie Menschen die mit einer eigenen Idee in Wiesloch aktiv werden wollen. Ihnen bietet die Bürgerstiftung einen organisatorischen Rahmen und praktische Unterstützung bei der Umsetzung ihrer Idee.

Struktur: Ein drei- bis fünfköpfiger Vorstand verantwortet die Arbeit der Bürgerstiftung. Er wird für jeweils drei Jahre vom Stiftungsforum gewählt. Das Stiftungsforum bilden die Stifter und Zustifter, die mehr als 1.000 Euro gestiftet haben. Sie wählen auch den Stiftungsrat, der den Vorstand unterstützt und kontrolliert. Alle Gremienmitglieder und Helfer arbeiten unentgeltlich, jeder ist willkommen mit Geld, Zeit und Ideen mitzuhelfen.

Die Bürgerstiftung Wiesloch in Zahlen: Bis heute ist das Stiftungsvermögen auf über 600.000 Euro angewachsen. Mit bisher rund 300.000 Euro aus Stiftungserträgen, Spenden und eingeworbenen Fördermitteln wurden gemeinnützige Projekte und Vorhaben in Wiesloch gefördert.

Bürgerstiftung Wiesloch
www.buergerstiftung-wiesloch.de

„Damals haben wir viel verspielt"

Ute Kreidler und Burkhart Braunbehrens, Stifter unter dem Dach der Bürgerstiftung Pfalz

Ute Kreidler, Jahrgang 1959, und Burkhart Braunbehrens, Jahrgang 1941, sind seit 1995 verheiratet und haben zusammen fünf Kinder. Sie leben in Ebertsheim in Rheinland-Pfalz. Ute Kreidler ist Sängerin und Burkhart Braunbehrens arbeitet als bildender Künstler. Ende 2014 gründete das Ehepaar die Stiftung „Willkommen in Deutschland" als Treuhandstiftung unter dem Dach der Bürgerstiftung Pfalz. Sie dient dem Zweck, Flüchtlingen in Deutschland zu helfen.

Manchmal ist es wirklich bedauerlich, dass noch keine Zeitreisen erfunden worden sind. Sonst könnte man sich mal zum Ende der 1960er-Jahre zurückbegeben: die Zeit, als die Studentenrevolte ihren Höhepunkt erreichte in Deutschland. Es war die Zeit, in der Zigtausende junger Menschen auf die Straßen gingen, gegen den Vietnamkrieg und für Sozialismus demonstrierten und an den Universitäten ihre Professoren demontierten. Die Zeit, in der freie Sexualität und antiautoritäre Erziehung propagiert wurden und eine Wohngemeinschaft noch Kommune hieß. Alles stellten die Studenten damals infrage, von der Demokratie über die Besitzverhältnisse bis zur Weltordnung. Alles schien möglich. Mittendrin: Burkhart Braunbehrens.

Was hätte er, der Revolutionär, damals wohl gesagt, wenn ihm ein Zeitreisender verraten hätte, dass er sich am Ende seines Weges mal, zusammen mit seiner Frau, unter das Dach einer Bürgerstiftung begeben würde?

Und was hätte Ute Kreidler gesagt, die, 18 Jahre jünger, damals noch in ihren Kinderschuhen im Leben umherstiefelte?

Burkhart Braunbehrens grinst bei dieser Vorstellung amüsiert. In der Tat ist es ein weiter Weg, den er seit der damaligen Zeit zurückgelegt hat. Sein Engagement war wild, teilweise gefährlich, manchmal umstritten und jedenfalls hochpolitisch. Wenn es um linke Politikkarrieren geht, kann man sagen, er hat kaum was ausgelassen. Leute wie diese beiden sind unter Bürgerstiftern nicht gerade häufig anzutreffen.

Wild, gefährlich, links

Burkhart Braunbehrens hat sich Mitte der 60er-Jahre angefangen zu engagieren, nachdem Stück für Stück sein heiles, gutbürgerlich geprägtes Nachkriegsbild in Scherben gegangen war. Es fing an mit einem Studienaufenthalt in Spanien: „Da habe ich zum ersten Mal andere Milieus entdeckt", sagt er. „Das hat mir die Augen geöffnet für die Ungleichheit in der Welt." Dann wurde John F. Kennedy ermordet. Braunbehrens wirkt heute noch erschüttert, wenn er davon erzählt: „Unvorstellbar war das für uns, dass der Präsident des mächtigsten Landes ermordet wird. Unmöglich!" Dem Bruch in der glatten, schönen politischen Erfahrungswelt folgte das Grauen des Vietnamkrieges, mit dem Braunbehrens nach seiner Rückkehr an die Uni die Deutschland konfrontiert wurde. Amerika, das Land der Guten und der Retter, entpuppte sich als Unterdrücker ausgerechnet jener Freiheit, die es selbst postulierte. Anfangs stand wenig darüber in den Zeitungen. „Wir mussten uns die Infos aus allen möglichen Ecken ziehen", sagt Braunbehrens. Was sie herausfanden, verbreiteten die Studenten auf Flugblätter. Eine nicht unübliche Betätigung in jener Zeit – aber Burkhart Braunbehrens ging noch deutlich weiter.

Während er an der Uni mal dieses, mal jenes Fach studierte, demonstrierte er gegen die amerikanische Politik, verteilte politische Schriften vor Fabriken und schlug Schlachten mit der Polizei. Anfang der 1970er-Jahre war er führendes Mitglied beim Kommunistischen Bund Westdeutschlands (KBW) und arbeitete als Chefredakteur der „Kommunistischen Volkszeitung". Dafür hatte er sein Studium der Volkswirtschaftslehre kurz vor dem Examen abgebrochen. Nach einer Demonstration gegen den ehemaligen US-Verteidigungsminister Robert McNamara saß er fünf Monate lang im Gefängnis – wegen „Landfriedensbruch". Seine Zeit beim KBW beendete er als Industriearbeiter in einem Wellpappeunternehmen. Allerdings ganz ohne Politik ging es nicht: Braunbehrens wurde Betriebsrat in diesem Unternehmen. Dann machte er eine Lehre zum Offsetdrucker.

„Damals haben wir viel verspielt", sagt er rückblickend und meint die Unfähigkeit der linken Gruppen, sich zu einigen und zu vereinigen, trotz einer großen Zahl politisch ähnlich eingestellter Menschen. Man habe sich im Grabenkampf verloren, bis schließlich die Grünen gegründet wurden. Burkhart Braunbehrens verfolgte diese Entwicklung und die Parteigründung interessiert, aber mehr als Beobachter. Er zog mit Freunden aufs Land und gründete in einer ehemaligen Papierfabrik eines der ersten alternativen Wohnprojekte in der Pfalz. Und er gründete seine Familie.

Hier beginnt so langsam der Teil seiner Geschichte, über den Burkhart Braunbehrens und Ute Kreidler nicht gerne sprechen, den man aber auch nicht weglassen kann, wenn man mit Burkhart Braunbehrens spricht. Schon gar nicht, wenn es um ihn und seine Frau als Stifter geht: Das Erbe seiner Familie. Das stammt nämlich aus dem Rüstungskonzern Krauss-Maffei Wegmann. Für einen engagierten linken Aktivisten wie Burkhart Braunbehrens hätte es wahrlich einfachere Einnahmequellen gegeben als eine solche Waffenschmiede, genauer gesagt: Panzerschmiede. Der Konzern gilt als führendes Unternehmen von militärischen Kettenfahrzeugen. Prominentestes Beispiel ist der Panzer Leopard II.

Nun kann man sich eine Familie nicht aussuchen, aber was ist mit dem Geld? Und muss man Waffen als Linker nicht sowieso ablehnen, wie manche Kritiker meinen? Lange Jahre krähte kein Hahn danach, woher das Geld stammte, das Burkhart Braunbehrens zufiel. Er erbte zweimal; zuerst von der Großmutter, später vom Vater. Das Geld der Großmutter ließ er sich auszahlen. Die Hälfte spendete er dem KBW, der davon eine Druckerei finanzierte, in der heute noch die linksalternative Tageszeitung taz gedruckt wird. Die andere Hälfte verwendete er zur Zukunftssicherung seines Sohnes. „Dieses Geld hatte ich nicht mal ein halbes Jahr lang selbst in meiner Hand", sagt Braunbehrens. Sein Lebensstandard blieb „auf BAföG-Niveau", wie er es nennt.

1985 erbte er zum zweiten Mal. Nun vom Vater, und diesmal behielt er das Geld. „Ab da habe ich von dem Erbe gelebt", sagt er. Inzwischen war er Mitte 40. Er fing an zu malen und lebte fortan als Künstler. Privat gründete er eine alternative Wohngemeinschaft in dem kleinen Ort Ebertsheim, wo er bis heute lebt. Dort lernte er auch seine heutige Frau, die Sängerin Ute Kreidler, kennen. 1995 heirateten sie. Zusammen haben sie fünf Kinder – eine Herausforderung für das Einkommen eines Künstlers und einer Musikerin. Aber sie hatten ja das geerbte Geld im Rücken.

Burkhart Braunbehrens engagierte sich weiter, aber weniger politisch. Er war Mitglied bei den Grünen, aktiv im Künstlerbund Rhein-Neckar und im Elternbeirat der Schule seiner Kinder. Die 80er-Jahre waren eine Zeit der Ernüchterung, der Desillusionierung. „Heute ist es schwer vermittelbar, dass wir uns in den Siebzigern wie Revolutionäre gefühlt hatten", sagt er. Und aus heutiger Sicht schüttelt er auch den Kopf über manches: „Wir haben Leute wie Mugabe hofiert, die sich dann als Unterdrücker entpuppt haben."

Wer später geboren ist, wundert sich tatsächlich über manches, was aus den wilden 1960er- und 70er-Jahren erzählt wird. Auch Ute Kreidler, die deutlich jünger ist als ihr Mann, kann nicht alles nachvollziehen. Sie selbst ist in Aalen in einem evangelischen Umfeld aufgewachsen, in dem es selbstverständlich war, sich vor Ort um andere Menschen zu kümmern. Sie engagierte sich in beiden Kirchen ihrer Gemeinde und leitete zum Beispiel Jugendgruppen. Ute Kreidler ist kein Kopfmensch; sie sucht und findet ihren Zugang zu den Dingen über den Körper. Entsprechend verlief auch ihr Berufsweg. Sie lernte Erzieherin und entdeckte dabei ihr Gesangstalent. Recht schnell begann sie, sich einen Namen als Sängerin vorwiegend des Musikstils Alte Musik zu machen und machte eine Ausbildung als funktionale Stimmbildnerin. „Das ist mein Weg, an die Dinge heranzugehen: über die Wahrnehmung", erklärt sie. Nach ihrer Ehe mit einem Orchestermusiker zog sie zu dem Wohnprojekt, in dem Braunbehrens lebte. „Da haben wir uns kennengelernt und verliebt", sagt sie, „das war ein Donnerschlag".

Schwierigkeiten

Während sie sich als Musiklehrerin und Sängerin ihrem Beruf und privat ihren Kindern widmete, holte Braunbehrens vor ein paar Jahren die große Politik wieder ein. Anlass war, dass die Bundesregierung Panzer von Krauss-Maffei Wegmann an Saudi Arabien verkaufen wollte. Das war mitten in der Zeit des Arabischen Frühlings. Hunderttausende Menschen gingen in Ägypten, Tunesien, Marokko und Libyen auf die Straßen. Sie kämpften für Demokratie und Menschenrechte nach westlichem Vorbild. Es war eine Zeit voller Hoffnung, es kamen aber auch viele Menschen ums Leben. Ausgerechnet in dieser Zeit Panzer nach Saudi-Arabien zu verkaufen, wurde zum Politikum. Um das Geschäft zu verhindern, outeten die Aktivisten vom „Zentrum für Politische Schönheit" die Eigentümer des Unternehmens, das an dem Geschäft verdienen wollte.

Und so fanden sich Burkhart Braunbehrens und seine Familie öffentlich in einer Ecke wieder, mit der sie sich nicht identifizieren konnten. Das war eine sehr schwierige Zeit. „Die Anfeindungen und die Reaktionen mancher Bekannten haben mich sehr mitgenommen", sagt Ute Kreidler. „Natürlich haben wir von dem Geld gelebt, besser als andere. Aber wir haben auch viel geteilt!"

Ihr Mann stellte sich im Gegensatz zu seinen Geschwistern und Verwandten der Auseinandersetzung. Aber es ist nicht leicht, sich verständlich zu machen, wenn die Geschichte, die man erzählen will, schwierig ist. Braunbehrens lehnt Waffen nicht ab und möchte auch nicht um des lieben Friedens willen so tun. „Ich bin kein Pazifist", sagt er. „Ich halte es für eine Wohlstandslüge zu glauben, man könne ohne Waffen auskommen." Dennoch sei er nicht einverstanden gewesen mit dem Panzergeschäft mit den Saudis. Er habe sich gründlich informiert über Geschäfte und Lieferungen in dieser Zeit, sagt er. Wohin die Waffen weitergeliefert werden und wer daran noch verdient. Er ist kein Pazifist, aber kritisch, und mit dieser Haltung hat er auch versucht, auf die Politik seines Unternehmens Einfluss zu nehmen – vergeblich. Im Gesellschafterrat, dem Gremium, in das er sich wählen ließ, konnte er nichts ausrichten. Im Gegenteil, er habe dort eher gestört mit seiner Kritik an der Informationspolitik des Unternehmens, die dafür gesorgt hatte, dass er von dem geplanten Panzergeschäft aus den Medien erfahren musste.

Die logische Folge aus dieser Erkenntnis hieß, seinen Anteil zu verkaufen. Und jetzt wird die Geschichte ein wenig verrückt: Der Anteil bestand nicht aus freiverkäuflichen Aktien oder dergleichen, sondern Braunbehrens musste sich auszahlen lassen. Diese Auszahlung wiederum musste er gerichtlich durchsetzen, denn seine Herkunftsfamilie war nicht einverstanden. Und als sei es seine Bestimmung, nichts, aber auch gar nichts auszulassen, fand sich Braunbehrens nicht etwa vor einem normalen, öffentlichen Gericht wieder, sondern dort, wovor es den TTIP-Kritikern graust: vor einem Schiedsgericht. Die Sache entpuppte sich als teures Vergnügen, denn die Kosten für ein solches Gericht sind hoch und müssen vorgestreckt werden. „Zum Glück", sagt Braunbehrens, „hat meine Cousine mitgemacht. Allein hätte ich mir das gar nicht leisten können." Ihre Auslage hat er der Cousine erstatten können – womit wir zum Happy End dieser Geschichte kommen: Burkhart Braunbehrens hat seine Verbindungen zum Rüstungskonzern Krauss-Maffei Wegmann gekappt und seinen Anteil ausgezahlt bekommen. Ein schöner Batzen Geld, mit dem man viel Gutes tun kann.

Der Zeit voraus

Noch im selben Jahr, Ende 2014, haben Burkhart Braunbehrens und Ute Kreidler die Stiftung „Willkommen in Deutschland" gegründet. Eine halbe Million Euro Stiftungskapital brachten sie ein, weitere 100.000 Euro gab Braunbehrens' Sohn dazu. Das Thema könnte aktueller nicht sein: Sie wollen mit ihrer Stiftung Flüchtlingen helfen. Wie brisant ihr Anliegen im Laufe des Jahres 2015 werden würde, haben sie Ende 2014 nicht geahnt. Niemand ahnte das zu diesem Zeitpunkt. Für Ute Kreidler und Burkhart Braunbehrens spielte der Zeitgeist auch nicht die große Rolle, denn sie waren sowieso schon lange an diesem Thema dran, und zwar seit den 1990er-Jahren.

Damals hatte man in Ebertsheim gelächelt über die LIGA (Leininger Initiative Gegen Ausländerfeindlichkeit), eine kleine Gruppe von Menschen, die sich für Asylsuchende engagierte. Sowas war nicht gerade en vogue damals. Die Initiative setzte sich für bessere Aufenthaltsbedingungen ein und beriet Flüchtlinge. Braunbehrens und seine Frau, in der Initiative aktiv, begannen, eine palästinensische Familie zu unterstützen, die mit falschen Papieren aus dem Libanon geflohen war und anschließend aufgrund bürokratischer Verwicklungen eine lange Zeit nur geduldet in Deutschland leben konnte. Inzwischen haben die Kinder eine richtige Aufenthaltserlaubnis – die Eltern müssen nach 20 Jahren in Deutschland noch vor Gericht um selbige streiten. Braunbehrens hilft ihnen jetzt bei der juristischen Vertretung. Und die Familie gehört auch zu den ersten, die heute von „Willkommen in Deutschland" unterstützt werden, und zwar mit Wohnraum.

Das nämlich ist das Konzept der Stiftung: Ihr Kapital ist nicht in Finanzanlagen investiert, sondern in Immobilien. Die Immobilie ist Stiftungskapital und Projekt zugleich. Die drei Häuser, die die Stiftung im ersten Jahr ihres Bestehens erworben hat, werden Flüchtlingen zur Verfügung gestellt. Als Wohnraum – in eines der Häuser ist bereits die palästinensische Familie eingezogen –, aber auch für Aktivitäten wie Sprachunterricht, den die LIGA und die Stadtmission in dem Haus in Grünstadt organisieren. „Der Stiftungszweck und die Kapitalanlage gehen Hand in Hand, das ist ein zukunftsträchtiges Modell", freut sich Burkhart Braunbehrens, der seinen Blick immer noch gern zu den größeren politischen Zusammenhängen schweifen lässt. Seine Frau interessiert vor allem die pragmatische Seite der Sache. Sie hat darauf gedrungen, mehrere kleine Häuser zu erwerben. „Das ist wichtig, damit die Leute in einer Nachbarschaft wohnen und sich integrieren können", erklärt sie. „Die Leute sehen dann zum Beispiel auch gleich, dass die Flüchtlinge sich an der Renovierung beteiligen und viel selbst machen. Das baut Vorurteile ab und gibt allen ein besseres Gefühl."

Sie schlüpften mit ihrer Stiftung unter das Dach der Bürgerstiftung Pfalz. So ging die Stiftungsgründung am schnellsten und effektivsten vonstatten.

Aus steuerlichen Gründen war es wichtig, noch im Jahr der Auszahlung das Geld in der Stiftung anzulegen. Die Vorstandsvorsitzende der Bürgerstiftung, Christiane Steinmetz, kennen Burkhart Braunbehrens und Ute Kreidler über einen Mitbewohner in seinem Wohnprojekt schon seit Jahren. Selbst sind sie nicht in der Bürgerstiftung aktiv geworden, wenngleich Braunbehrens findet, dass das eine gute Sache sei: „Da kann jeder aktiv werden." In Begeisterung gerät er, wenn er über Christiane Steinmetz spricht: „Eine phantastische Fundraiserin ist das. Ganz großartig!" Voller Bewunderung erzählt er, wie Steinmetz der konservativen Gemeindeverwaltung für die Bürgerstiftung Pfalz, die praktisch ohne Kapital anfing, eine leerstehende Immobilie abgeschwatzt habe. Wie man ihr, der alternativ angehauchten Pfarrerin, erst nicht entgegenkommen wollte, wie sie dann zwei Jahre beharrlich am Ball blieb und am Schluss den Zuschlag bekam. Heute betreibe die Bürgerstiftung das Zentrum mit so viel Erfolg, dass man ihr in der Stadt dankbar sei, sagt Braunbehrens.

So eine Fundraiserin wie Steinmetz, meint Braunbehrens, könnten sie selbst für ihre Treuhandstiftung auch gebrauchen. Ute Kreidler hat schon einen Fundraisingkurs bei Christiane Steinmetz besucht. Denn es soll nicht bei den 600.000 Euro Startkapital bleiben. In ihrem Umfeld stoßen Braunbehrens und Kreidler auf viel Wohlwollen. Aber für die Anwerbung weiterer Zustifter braucht es noch ein eigenes, kommunizierbares Konzept. Es gibt überhaupt so viel zu tun gerade. Die Renovierungen in den Häusern sind alle noch nicht abgeschlossen, und die Erträge, die die Immobilien in Form von dem Wohngeld entsprechenden Mieten abwerfen, wollen gemeinnützig investiert werden. Meistens unterstützt die Stiftung „Willkommen in Deutschland" die Aktivitäten von LIGA. Oder Kleinigkeiten, wie Fahrkarten für die Flüchtlinge, die am Sprachunterricht in dem Haus in Grünstadt teilnehmen. Das klingt vielleicht etwas kleinkrämerisch, aber wenn die Leute, wie von Braunbehrens gewünscht, viermal die Woche aus den Nachbarorten kommen, geht das schon ins Geld. An was man alles denken muss! Da sind ja auch noch Projekte wie das Benefizkonzert im Sommer, das 1.400 Euro einspielte, und die sonstige Spendenwerbung.

„Ich komme gar nicht zu dem, was ich eigentlich machen wollte", sagt Ute Kreidler. Das ist, den kulturellen Austausch zwischen den Menschen zu organisieren. Begegnungen anbieten, gemeinsam tanzen und musizieren. Die Geflüchteten und die Deutschen sollen sich auf der menschlichen Ebene kennenlernen und bereichern. Ute Kreidler hat vor ein paar Jahren schon einmal so einen Austausch angeboten. Damals scheiterte sie, weil sie muslimische Flüchtlinge, die sie ansprechen wollte, nicht erreichte. „Die syrischen Flüchtlinge sind offener dafür, glaube ich", sagt sie jetzt. Vielleicht interessieren sie sich ja auch für den Literaturkreis, der gerne einen Raum in dem Stiftungshaus nutzen würde?

Man muss schauen, was die Leute daraus machen. Man muss es versuchen.

Gudrun Sonnenberg

Die Bürgerstiftung Pfalz

Die Bürgerstiftung Pfalz hat ihren Sitz im rheinland-pfälzischen Klingenmünster. Wie alle Bürgerstiftungen kann sie eine Vielzahl von Stiftungszwecken verfolgen, dies aber nur in einem bestimmten Gebiet. Bei der Bürgerstiftung Pfalz ist dies der Süden des Bundeslandes Rheinland-Pfalz. Unter dem Motto „Die Pfalz bewegen" will sie Impulse zu einer nachhaltigen Entwicklung der Pfalz geben.

Gründung: Die Bürgerstiftung Pfalz wurde im Jahr 2005 von 17 Bürgerinnen und Bürgern aus der Pfalz gegründet, mit dem Ziel, Impulse zur nachhaltigen Entwicklung der Pfalz zu geben. Mit dem Kauf der Immobilie Keysermühle konnte mithilfe des Mission Investing das Kapital im Sinne der Satzung angelegt und 16 Arbeitsplätze für Menschen mit Behinderung geschaffen werden.

Konzept und Arbeitsschwerpunkt: Die Bürgerstiftung Pfalz ist eine operativ tätige Stiftung. Ihre Projekte entstehen in Fachgruppen, in denen sich die Bürgermit Themen wie Dorfentwicklung, Bildungschancen, alternatives Wirtschaften sowie Kunst und Kultur auseinandersetzen. Um die Idee der Bürgerstiftung in dem großen und ländlich geprägten Gebiet konkret umzusetzen, fördert die Bürgerstiftung Pfalz die Gründung von weiteren Bürgerstiftungen vor Ort. Ein weiterer besonderer Schwerpunkt der Stiftungsarbeit ist der Betrieb des Tagungshotels Stiftsgut Keysermühle. Die Bürgerstiftung Pfalz ist alleinige Gesellschafterin dieses ebenfalls gemeinnützigen Unternehmens.

Struktur: Ein drei- bis siebenköpfiger Vorstand verantwortet die Arbeit der Bürgerstiftung. Er wird für jeweils drei Jahre vom Stiftungskuratorium gewählt, das den Vorstand unterstützt und kontrolliert. Die Stifter und Zustifter gehören dem Stifterrat an. Sie wählen die Mitglieder des Kuratoriums und erfahren aus erster Hand, woran die Bürgerstiftung arbeitet und was sie künftig vorhat. Alle Gremienmitglieder und Helfer arbeiten unentgeltlich, jeder ist willkommen mit Geld, Zeit und Ideen mitzuhelfen.

Die Bürgerstiftung Pfalz in Zahlen: Heute sind unter dem Dach der Bürgerstiftung mehrere Partnerstiftungen versammelt, darunter vier Bürgerstiftungen für kleinere Orte. Das Stiftungsvermögen ist auf rund 1 Million Euro gestiegen. Und über eine Million Euro aus Stiftungserträgen und Spenden flossen bislang zur Unterstützung in gemeinnützige Projekte in der Region Pfalz.

Bürgerstiftung Pfalz
www.buergerstiftung-pfalz.de

„Man muss sich Ziele setzen"

Horst Kleiner, Gründer einer Stiftung bei der Schwäbisch Haller Bürgerstiftung

Horst Kleiner, Jahrgang 1937, ist verheiratet und kinderlos. Nach einer Banklehre am Bodensee arbeitete er sich bis zum Vorstandsvorsitz der Bausparkasse Schwäbisch Hall empor, die er von 1985 bis 1999 leitete. Unter dem Dach der örtlichen Bürgerstiftung gründete Horst Kleiner 2013 eine Unterstiftung, die jährlich einen Förderpreis vergibt. Darüber hinaus ist er als Spender in vielen Bereichen aktiv.

Zwei Anekdoten erzählt Horst Kleiner, die viel aussagen über das, was ihn antreibt und ausmacht. Die erste spielt im Jahr 1957. Kleiner ist 20 Jahre alt und plant als Leiter einer katholischen Jugendgruppe in Stockach einen Besuch in Rom. Dort, so hat er sich in den Kopf gesetzt, will er auch zum Heiligen Vater. Und so setzt der junge Horst Kleiner alle Hebel in Bewegung. Er hat Kenntnis von einem Kleriker in seinem Heimatort, der den Privatsekretär von Pius XII. gut kennt. „Ich will zum Papst", lässt Kleiner ihn wissen und dieser lässt tatsächlich seine Beziehungen spielen: Papst Pius XII. empfängt die Jugendgruppe in Rom zu einer Privataudienz. 59 Jahre später muss Horst Kleiner lachen, wenn er sich an diese Episode erinnert, wohl auch über seine eigene Chuzpe: „Man muss sich Ziele setzen und alles tun, um sie zu erreichen", sagt er.

Die zweite Episode trägt sich mehr als 40 Jahre später am Ende seines Berufslebens zu. Kleiner ist Pensionär. Er will seinen privaten Sport-Mercedes verkaufen und nimmt den Anruf eines 24-Jährigen entgegen, der sich für das Auto interessiert. Die Eltern des jungen Mannes haben es ihrem

Sohn als Belohnung für das noch zu bestehende Abitur in Aussicht gestellt. Als Horst Kleiner das hört, steht seine Entscheidung fest: Er lässt den jungen Mann abblitzen. „Ihnen verkaufe ich das Auto nicht", sagt er, „lieber verschenke ich es. Einen solchen Wagen gönnt man sich nach einem arbeitsamen erfolgreichen Leben, aber nicht, wenn man noch nichts geleistet hat!" Die Empörung ist ihm, wenn er die Geschichte erzählt, heute noch deutlich anzumerken.

Ehrgeiz und Arbeitsethos, diese Prinzipien, gepaart mit einer spürbaren Bodenständigkeit und charmanten Gastfreundlichkeit, strahlt Horst Kleiner bis heute aus. Vielleicht ist er darin auch ein Kind seiner Zeit. Die Entbehrungen der Nachkriegsjahre haben ihn gelehrt, die Annehmlichkeiten des Lebens nicht selbstverständlich zu nehmen und auch am Einfachen seine Freude zu finden. Kleiner hat in atemberaubendem Tempo den Weg vom Lehrling aus kleinen Verhältnissen zum Vorstandsvorsitzenden eines großen Finanzinstituts beschritten. Sicherlich trugen etwas Glück und die günstigen Umstände nach dem Krieg dazu bei. Doch ohne seine Zielstrebigkeit und sein Talent hätte er seine Karriere nicht gemacht.

Bratkartoffeln, Essiggurken, Freiheit

Als Horst Kleiner vor 79 Jahren, im März 1937 in Stockach am Bodensee auf die Welt kam, war die Welt für die kleine Familie noch in Ordnung. Dann stieß der Zweite Weltkrieg Europa ins Chaos. Der Vater, ein kaufmännischer Angestellter, wurde als Soldat eingezogen und kehrte erst 1949, vier Jahre nach Kriegsende, in die süddeutsche Heimat zurück. Seine Frau und die beiden Kinder verbrachten währenddessen die Nachkriegsjahre auf dem kleinen Bauernhof der Großeltern. „Das war trotz allem eine glückliche Zeit", erinnert sich Horst Kleiner, „ich bin dort sehr frei aufgewachsen."

In der Landwirtschaft lernt man die grundsätzlich wichtigen Dinge des Lebens kennen und schätzen, ist er überzeugt. Er half auf dem Hof und fuhr morgens mit dem Fahrrad, das ihm sein Cousin zusammengeschweißt hatte, durch den Wald zur Schule. Sicher war das Leben nicht leicht. Im

Hungerwinter 1945/46 gab es die ganze Zeit hindurch Bratkartoffeln mit Zwiebeln oder Essiggurken. Ein Trauma? Ganz im Gegenteil: Er isst beides noch heute gerne. „Bei mir im Schrank steht immer ein Vorrat an Essiggurken."

Egal zu welcher Phase seine Lebens, Horst Kleiner hat immer eine unterhaltsame Geschichte parat. Er erzählt von Momenten oder Begegnungen, die ihn berührt und begeistert haben, von Freundschaften, auch mit deutschen Politikern und Treffen mit internationalen Staatsoberhäuptern. Helmut Kohl, Lothar Späth, Hansdietrich Genscher, Kardinäle, Wirtschaftsbosse. Im Gespräch mit Kleiner reist man durch 50 Jahre deutsche Geschichte: Krieg, Wiederaufbau, Wirtschaftswunder, Mauerfall und Öffnung Europas gen Osten. Seine individuellen Wegmarken sind dabei Begegnungen und persönliche Kontakte. Die halten häufig über Jahrzehnte. Zuverlässig füreinander da sein, auch das gehört zu seinen Lebensmaximen.

Als Horst Kleiner seine Banklehre in Radolfzell begann, war dies alles noch Zukunftsmusik. 1957 wechselte er in die Genossenschaftliche Zentralbank nach Karlsruhe, wo man rasch auf den gerade 20-Jährigen aufmerksam wurde. Also zog Kleiner zwei Jahre später weiter nach Frankfurt am Main, um an der dortigen Bankakademie zu studieren. Mit sieben anderen jungen Männern teilte er sich zunächst ein Zimmer im Kolpinghaus. Abends bekam der junge Student bei einer Marktfrau für 50 Pfennig den Anschnitt von Käse und Wurst überlassen. Damit aß er sich satt. Mit dem heutigen Banker-Leben in der Mainmetropole haben Horst Kleiners Erinnerungen nicht viel gemein. Ihn grämt das nicht: „Ich möchte diese Erfahrungen um nichts in der Welt missen."

Nach dem Studium ging es Schlag auf Schlag: 1967 berief man ihn – gerade 30-jährig – zum Direktor der Raiffeisen Zentralbank Baden. Vier Jahre später wurde er im Zuge der Fusion stellvertretendes Vorstandsmitglied der heutigen DZ BANK, damals noch Südwestdeutsche Genossenschafts-Zentralbank SGZ. So war er mit 34 Jahren das jüngste Vorstandsmitglied eines großen deutschen Finanzinstituts. Doch bis an sein Karriereende ohne Veränderung weiterzumachen, dafür fühlte sich Horst

Kleiner auch in einer Managementposition noch zu jung. So griff er freudig zu, als man ihm den Vorstandsvorsitz der Bausparkasse Schwäbisch Hall anbot. „Das war ein Glück", wie er im Rückblick sagt. Mit 48 Jahren wechselte er 1985 an die Spitze der größten deutschen Bausparkasse und führte sie über die nächsten 15 Jahre in goldene Zeiten.

Horst Kleiners Wachstumsvisionen trafen in der richtigen Zeit auf den passenden Partner.

Es waren die Hochjahre der deutschen Bausparkultur und das Institut der Genossenschaftsbanken wuchs und gedieh unter seiner Führung auch international. Dabei half auch die Geschichte etwas nach: Kleiners größter Glücksfall während seiner Karriere war wohl der Fall des Eisernen Vorhangs und die deutsche Wiedervereinigung. Mit dem Zusammenbruch des Kommunismus dehnte sich der Markt potenzieller Bausparer weit gen Osten aus, mit vielen Millionen neuen Kunden. Der Finanzexperte begriff und ergriff mit vollem Elan die Chance, das erfolgreiche deutsche Produkt „Bausparen" ins Ausland zu tragen. 9.000 Mitarbeiter arbeiten heute bei den Auslandstöchtern der Schwäbisch Hall.

Gespür für den richtigen Moment

1992 brachte die Schwäbisch Hall das Bausparen in die Slowakei, Tschechien folgte ein Jahr später, Ungarn dann 1997. Derweil zog der Bausparkassen-Chef im Hintergrund alle Fäden, traf Entscheidungsträger, betrieb Lobbyarbeit für das Bausparen und entwickelte Strategien – mit gutem Gespür für Menschen und den richtigen Moment.

Den erwischte Horst Kleiner auch in China, einem gigantischen Markt für die Finanzierung von Wohneigentum. 1994 reiste er als Mitglied der Wirtschaftsdelegation des damaligen Bundeskanzlers Helmut Kohl in das Reich der Mitte. Drei Besuche beim chinesischen Ministerpräsidenten später bekam die Schwäbisch Hall Ende der Neunzigerjahre schließlich die ersehnte Unterschrift: Die Bausparkasse durfte als erstes westliches Finanzinstitut eine Repräsentanz in China eröffnen. Bei diesem Erfolg kam

Kleiner einmal mehr sein exzellentes Netzwerk zugute: Der chinesische Bauminister war Jahre zuvor seinerseits als Teil einer Delegation zu Besuch in Schwäbisch Hall gewesen – man kannte sich.

In seinen 15 Jahren an der Spitze von Schwäbisch Hall spielte sich Kleiners Leben zwischen der schwäbischen Provinz und Auslandsreisen ab. Er war fast überall auf der Welt, doch bis heute fühlt er zu dem Institut und der kleinen pittoresken Stadt eine tiefe Verbindung. „Das ist heute noch meine Bank." Und es ist es kein Zufall, so sagt er, dass er seine gesamte Karriere in genossenschaftlichen Instituten verbracht hat. In diesem System, das ja auch eine Weltanschauung verkörpert, fühlt er sich am richtigen Platz.

Bodenhaftung und Visionen, die kleinen Träume der Bausparer und die großen globalen Ziele des Finanzinstituts bilden hier keine Gegensätze: „Ich habe die genossenschaftliche Idee mit der Muttermilch aufgesogen und ich habe ihre weltweiten Chancen erkannt." Darauf ist er sichtlich stolz. Das war auch mit Risiken verbunden, aber Wagnisse einzugehen, gehört zu einem guten Unternehmer, ist der Pensionär überzeugt. Überhaupt seien viel zu wenig Manager heute noch bereit, etwas zu riskieren.

Die Jahre, in denen er durchstartete, waren wohl auch eine gute Zeit für Karrieren, räumt Horst Kleiner ein. Der Krieg hatte eine ganze Generation von Männern verschlungen. Deren Kinder wurden händeringend für den Aufbruch des Wirtschaftswunderlandes gebraucht. Mit Grips, Ehrgeiz und Fleiß war der Aufstieg machbar.

Glück gehört auch dazu, sagt Horst Kleiner. Und ein Mentor, der einen auf dem Weg unterstützt und auch mal in die Schranken weist. „Jeder hat den Marschallstab zum Erfolg im Tornister", ist er überzeugt. Man muss ihn nur nutzen, so wie er. „Ich habe mir nie was geschenkt", sagt Horst Kleiner. Sieben Tage die Woche war er für das Unternehmen da. 1999 übergab er mit 62 Jahren den Stab an seinen Nachfolger.

Seither ist ihm keinesfalls langweilig geworden. Dafür sorgt – neben den vielen Reisen, die er mit seiner zweiten Frau unternimmt – auch sein vielfältiges ehrenamtliches Engagement. Es speist sich aus der Dankbarkeit, die ihn erfüllt, wenn er seinen Lebensweg sieht, und aus der heraus er junge Menschen im In- und Ausland bei ihrem Start ins Leben unterstützt. Schon während seiner Zeit als Schwäbisch-Hall-Chef hatte Horst Kleiner vielfältige soziale und kulturelle Initiativen der Bausparkasse vorangetrieben.

Der mit Abstand größte Arbeitgeber im Ort war als Teil des Gemeinwesens zugleich der größte Wohltäter der Stadt. Besonders notwendig wurde dies, als der Kommune durch die steuerliche Fusion der Schwäbisch Hall mit der Muttergesellschaft DZ BANK erhebliche Gewerbesteuereinnahmen wegbrachen. An dem Punkt initiierte die Bausparkasse die Haller Bürgerstiftung „Zukunft für junge Menschen" und stattete sie mit einem Startkapital von 500.000 Euro aus.

Leistung belohnen

In Kleiners aktive Jahre als Vorstandsvorsitzender fiel auch die Gründung eines Seniorenstifts für ehemalige Angestellte; für ihn eine Herzensangelegenheit, wie er sagt. Er hatte selbst erlebt, wie sein Vater am Ende seines Lebens damit haderte, in einem Altersheim zu leben. Wenn dies die Umstände schon erfordern, so Kleiner, dann soll alles getan werden, damit sich Menschen am Lebensende in einer solchen Einrichtung wohlfühlen.

Mittlerweile trägt die Mustereinrichtung Kleiners Namen: Seniorenwohnstift Horst Kleiner. Das war ein Geschenk seines Arbeitgebers zu seinem 75. Geburtstag. Jedes Jahr in der Weihnachtszeit laden Horst Kleiner und seine Frau die Bewohner zu einem Adventsessen ein und besuchen „sein" Haus.

Seit 2013 hat er auch eine eigene Unterstiftung unter dem Dach der Bürgerstiftung: Die Horst Kleiner Stiftung, derzeit mit 300.000 Euro ausgestattet, verleiht jährlich einen Förderpreis an den jahrgangsbesten Absolventen der Hochschule Heilbronn am Campus Schwäbisch Hall. Die

Auszeichnung ist mit 5.000 Euro dotiert und knüpft an die Überzeugung des Stifters an, Leistung zu belohnen.

Sein Engagement bringt ihn zugleich in Kontakt mit der jungen Generation, die heute in einem ganz anderen Kontext ihre Berufslaufbahn beginnt. Horst Kleiner zieht viel Energie aus den Begegnungen mit dem Nachwuchs. „Mit jungen Leuten zu arbeiten und sich um junge Leute zu kümmern, macht viel Spaß und Freude", beschreibt er seine Motivation.

Daneben engagiert der Pensionär sich in vielen Organisationen und Initiativen: Seit Ende 2004 genießt er mit seiner Frau seinen Ruhestand in Baden-Baden. Dort gehören die beiden unter anderem zu den Großspendern für das Baden-Badener Festspielhaus, das heute Weltruhm genießt. Bei dem Thema gerät Horst Kleiner ins Schwärmen: „Das Festspielhaus hat Hochkultur in die Stadt gebracht." Das Haus braucht als öffentlich nicht geförderte Einrichtung großzügige Bürger vor Ort. Im Gegenzug kommen nicht nur Aufführungen auf höchstem Niveau in die kleine Schwarzwald-Stadt. Horst Kleiner genießt zudem die Treffen mit den Künstlern, die sich durch sein Engagement ergeben. Der Freundeskreis des Festspielhauses ist auch für ihn persönlich zu einem Freundeskreis geworden, sagt er. Stiften verbindet eben! Auch für den Speyerer Dom spendet das Ehepaar Kleiner. Der liegt wiederum seiner Frau als gebürtiger Pfälzerin sehr am Herzen. Die Stiftung zur Rettung des Speyerer Doms gründete Kleiner 1996 zusammen mit dem ehemaligen Bundeskanzler Helmut Kohl und anderen Gleichsinnten.

Häufig sind es persönliche Beziehungen, die den Ausschlag für sein Engagement geben. Kleiner bringt sich in Feldern ein, weil ihm die Causa am Herzen liegt, oder weil ihn Menschen, die ihm wichtig sind, darum bitten. Im besten Fall trifft beides zusammen. So wie Anfang der 90er-Jahre, als ein Freund von ihm eine Initiative zur Unterstützung der Dresdner Semperoper gründete und den Banker Kleiner um Unterstützung bat. Die steuerte er gerne bei.

Heute gibt er gerne und großzügig, wann immer er von einer guten Sache überzeugt ist: Mit einigen Freunden baut er gerade eine zweite Schule in Afrika, nachdem er schon eine erste für rund 350 Kinder unterstützte. Zehn Mal ist er in dieser Sache bereits nach Namibia gereist. Er spendet für die Initiative eines Freundes, der in Myanmar mit Stipendien Kindern eine Bildungschance eröffnen will und ist Mitglied eines Clubs in Karlsruhe, der internationalen Studierenden ein Studiensemester an der dortigen Hochschule ermöglicht. „Mir macht das Freude", sagt Kleiner. „Mit warmer Hand zu verschenken ist viel besser als mit kalter Hand." Wobei er bereits festgelegt hat, dass sein Nachlass gemeinnützigen Zwecken zugutekommen wird.

„Ich habe nie vergessen, woher ich komme", sagt Horst Kleiner. Sein Engagement ist ein Weg, zurückzugeben und Menschen zu unterstützen, die ähnlich zielstrebig sind wie er, aber aufgrund vielfältiger Umstände nicht die gleichen Chancen besitzen. Ein wenig Unterstützung kann da viel bewirken. Aber anstrengen, das muss sich jeder schon selber.

Petra Krimphove

Die Schwäbisch Haller Bürgerstiftung

Die Schwäbisch Haller Bürgerstiftung ist in der 40.000 Einwohner zählenden baden-württembergischen Kreisstadt nördlich von Stuttgart aktiv. Wie alle Bürgerstiftungen kann sie eine Vielzahl von Stiftungszwecken verfolgen, dies aber nur in einem bestimmten Gebiet. In Schwäbisch Hall verbindet die Bürgerstiftung dies mit einem klaren Auftrag: sich für die Zukunft junger Menschen einzusetzen.

Gründung: Ein Initiativkreis mit 18 Persönlichkeiten aus dem gesellschaftlichen und wirtschaftlichen Leben Schwäbisch Halls bereitete die Gründung der Bürgerstiftung vor. Im Jahr 2002 wurde die Haller Bürgerstiftung mit einem Kapital von 500.000 Euro und der Unterstützung der Bausparkasse gegründet.

Konzept und Arbeitsschwerpunkt: Die Bürgerstiftung fördert die Arbeit von gemeinnützigen Organisationen vor Ort und führt auch eigene Projekte durch. Ein wichtiger Arbeitsschwerpunkt und der größte Förderschwerpunkt ist die Partnerschaft zu den Grund- und Hauptschulen in der Stadt. Unterstützt werden zum Beispiel Sprachförderung, Hausaufgabenhilfen und Gewaltprävention. Begabte Schüler werden gefördert, spezielle Projekte zur Integration von Aussiedler- und Migrantenkindern und deren Familien unterstützt. Ebenso berät und unterstützt die Bürgerstiftung Menschen und Unternehmen, die selbst stifterisch aktiv werden wollen.

Struktur: Ein fünf- bis achtköpfiger Vorstand verantwortet die Arbeit der Bürgerstiftung. Er wird für jeweils drei Jahre vom Stiftungsaufsichtsrat gewählt, der den Vorstand unterstützt und kontrolliert. Spender, aber auch ehrenamtlich Aktive gehören dem Kreis der Freunde und Förderer der Schwäbisch Haller Bürgerstiftung an. Dieser kümmert sich um die Verankerung der Bürgerstiftung in Stadt und Bevölkerung.

Die Schwäbisch Haller Bürgerstiftung in Zahlen: Das Stiftungsvermögen ist inzwischen auf 3 Millionen Euro gestiegen und rund 1,5 Millionen Euro aus Stiftungserträgen und Spenden flossen seit Gründung der Bürgerstiftung in gemeinnützige Projekte in Schwäbisch Hall. Auch vier Partnerstiftungen arbeiten unter dem Dach der Bürgerstiftung.

Schwäbisch Haller Bürgerstiftung
www.buergerstiftung-schwaebischhall.de

„Die menschliche Zuwendung ist eine Sache des Engagements"

Hermann Janning, Gründungsstifter der Bürgerstiftung Hellweg-Region und zweier Partnerstiftungen

Dr. Hermann Janning, Jahrgang 1949, ist verheiratet und Vater von zwei Töchtern. Nach einer sehr erfolgreichen Karriere in der Kommunalverwaltung und in kommunalen Unternehmen hat er sich als Unternehmensberater selbstständig gemacht. Hermann Janning ist Gründungsstifter der Bürgerstiftung Hellweg-Region und hat unter ihrem Dach zwei eigene Partnerstiftungen.

Schwimmgeräte und Wasserspielzeug im Hallenbad ausgeben, aufpassen, dass niemand ertrinkt und Kindern und Jugendlichen das Schwimmen beibringen: Das ist eine schöne und sinnvolle Tätigkeit – aber sie ist nicht besonders spektakulär. Man hört oder liest selten davon, und außer den direkt Betroffenen spricht eigentlich niemand darüber.

In Soest allerdings gibt es ein paar Leute, die Einsätze wie den im örtlichen Hallenbad durchaus für bemerkenswert halten. Mehr noch, sie finden solche Betätigungen richtig lobenswert. Deshalb vergeben sie an diejenigen, die sich auf diese Art engagieren, einen Preis – den Ehrenamtspreis, der gemeinsam vom Kreis Soest und dem Rotary-Club Erwitte-Hellweg verliehen wird. Der Initiator ist Hermann Janning. Er ist 66 Jahre alt, selbst Mitglied bei den Rotariern und zutiefst überzeugt davon, dass die Bereitschaft von Menschen, sich zu engagieren, den eigentlichen Reichtum einer Stadt ausmacht. Die Rotary-Stiftung, die eine Partnerstiftung der

Bürgerstiftung Hellweg-Region ist, wäre ohne ihn nicht gegründet worden. Sie vergibt jedes Jahr drei Preise aus ihren Erträgen: den besagten Ehrenamtspreis, einen Musikförderpreis für junge Leute und einen Studien- oder Berufsförderpreis für Studienabsolventen oder Ausbildungsabsolventen. Ganz unspektakuläre Preise sind das. Die Leistungen, die Hermann Janning und seine Freunde von der Rotary-Stiftung auszeichnen, sind leise und machen selten Schlagzeilen. Unauffällig und still, aber zur Stelle sein, wo man gebraucht wird: Irgendwie ist das charakteristisch für die ganze Region, in der Hermann Janning lebt. Selten dringen Schlagzeilen aus Soest und Umgebung nach draußen. Hier gibt es vor allem kleine Städte und Orte. Die Leute, die hier leben und sich kennen, tun für die Gemeinschaft, was nötig ist, und machen davon auch kein Aufheben.

Hermann Janning hat sein Leben in dieser Region verbracht und sich ihre Lebensweise zu eigen gemacht. Er ist fast immer konkret und vor Ort tätig gewesen. Nur selten und nur vorübergehend schwebte er mal über den Dingen. Zum Beispiel in seiner Studienzeit in den 70ern, als er, damals bei der Jungen Union, davon träumte, die Welt zu verändern, wie junge Menschen es nun einmal tun. Schnell wurde ihm unwohl, und er kann heute genau sagen, woran es lag: „Da haben wir Pamphlete verfasst, statt wirklich was zu verbessern."

Wirklich was zu verbessern gab es vor Ort, befand Janning, in den Kommunen, in denen er nach Abschluss seines juristischen und betriebswirtschaftlichen Studiums tätig war. Er arbeitete in drei Kommunalverwaltungen. Erst war er Beigeordneter in Emsdetten im Münsterland, dann Stadtdirektor in Georgsmarienhütte bei Osnabrück und schließlich Oberkreisdirektor in Soest, wo er heute noch wohnt. „Da habe ich mich so wohl gefühlt!", sagt Janning. „Es gab so viele Gestaltungsmöglichkeiten. Man lernt alle Lebensbereiche kennen und hat mit jeder Bevölkerungsschicht zu tun."

Er war für Sozialhilfe zuständig, für Kultur oder Wirtschaftsfragen; immer direkt, immer vor Ort. Und immer, von Anfang an, erlebte er mit, welch große Rolle das Ehrenamt spielte. Als Beigeordneter saß er ja dem Stadtrat gegenüber – das waren alles ehrenamtliche Politiker. „In den großen Städten ist das anders", sagt Janning, „aber in der kleinen Stadt war das so. Da gibt es kommunale Strukturen, aber wenn die nicht von ehrenamtlichem Engagement gefüllt werden, läuft nicht viel."

„Es kommt darauf an, dass die Leute was draus machen", sagt Janning, und erzählt von den Kommunen Benninghausen und Eickelborn im Kreis Soest. Zusammen haben diese den höchsten Anteil an psychiatrischen Betten in Nordrhein-Westfalen. Eine Hochburg der forensischen Psychiatrie sozusagen. Entsprechend viele Menschen gibt es hier, die etwas brauchen, das über die Versorgung hinausgeht, die eine Krankenkasse zahlt und die ein Träger leisten kann. Deshalb hat sich jedes der 53 Mitglieder in Jannings Rotary Club Erwitte-Hellweg verpflichtet, eine Betreuung für einen psychiatrischen Patienten zu übernehmen, wenn es nötig ist. Die Anfragen kommen über den Sozialdienst katholischer Frauen, der die Betreuung organisiert. Derzeit ist rund die Hälfte der Rotarier auf diesem Weg zu einem Mündel gekommen. Das ist die Hilfe vor Ort, die Janning meint, wenn er vom Reichtum einer Stadt spricht. Er nennt ein anderes Beispiel: „Wir diskutieren in Soest zurzeit über ein stationäres Hospiz", erklärt er. „Die Struktur muss man natürlich staatlich organisieren. Aber die menschliche Zuwendung, das ist eine Sache des Engagements."

Der rote Faden: dezentral

Die Strukturen müssen von den Menschen mit Leben gefüllt werden, glaubt Janning. Es gilt also einerseits dafür zu sorgen, dass Engagement möglich ist, aber andererseits, dann selbst etwas zu tun. So etwas herzustellen, geht nur vor Ort. Schon lange ist Janning ein Anhänger dezentraler Strukturen. Diese Überzeugung zieht sich wie ein roter Faden durch sein Leben, und eigentlich hatte er die entsprechende Wirkungsstätte in seinem Berufsleben in der Kommunallaufbahn gefunden. Doch dann, Mitte der 90er-Jahre, schaffte Nordrhein-Westfalen die zweigleisige Kommunalverfassung ab. Hatte es bis dahin eine Doppelspitze aus ehrenamtlichem Landrat oder Bürgermeister auf der politischen Seite und einem Stadtdirektor oder Oberkreisdirektor als beruflichem Verwaltungschef auf der anderen Seite gegeben, so wurden seitdem hauptamtliche Bürgermeister von der Bevölkerung gewählt. „Ich war der letzte Oberkreisdirektor, ich hätte eigentlich ausgestopft werden müssen", witzelt Janning heute.

Damals fand er die Sache weniger lustig, hätte er doch eine Politikerkarriere anfangen und sich zum Landrat wählen lassen müssen, um seine Laufbahn in der Kommunalverwaltung fortzusetzen. 70 Prozent Repräsentation und nur noch 30 Prozent echtes Management und Gestaltung hätte das bedeutet, sagt er rückblickend. Davor war das Verhältnis andersherum, und tauschen wollte er nun nicht.

Also wechselte er nach 18 Jahren die Branche. Janning verließ die Kommune und fing bei der Bahn an, wo – wunderbare Fügung! – unter dem damaligen Bahnchef Ludewig gerade das Zeitalter der Regionalisierung herrschte. Janning leitete in Personalunion die Regionalbahn Westfalen GmbH in Münster und die Busgesellschaft Ostwestfalen in Bielefeld, beides Bahntöchter. Beides waren selbstständige GmbHs, somit ein Job voll nach Jannings Geschmack – wären nicht Ludewigs Tage gezählt gewesen: Nach eineinhalb Jahren ersetzte ihn Hartmut Mehdorn.

„Der zentralisierte gnadenlos und zog alles nach Frankfurt. Wir in der Region wurden komplett entmachtet", erinnert sich Janning. Er wartete noch ein wenig, ob sich etwas ändern würde, und griff dann zu, als er in Wuppertal der Chef der Stadtwerke werden konnte. Nach sechseinhalb Jahren in Wuppertal wechselte er noch einmal das Unternehmen, blieb aber in der Branche und ging nach Duisburg, wo er noch einmal für sieben Jahre verbrachte. Etwas eher als geplant hörte er wegen politischer Unstimmigkeiten dort auf.

Seit drei Jahren ist Janning selbstständiger Berater. Seine Kunden sind die städtischen Versorgungsunternehmen. „Heute muss ja jedes Werk seine eigene Strategie finden", sagt Janning. „Ressourcen wie die IT-Infrastruktur gehören zusammengelegt, aber nach außen, zum Kunden hin, gilt es, ein individuelles Gesicht zu zeigen." Und da ist er auch wieder bei „seinem" Thema: Zentral die Struktur schaffen, die individuelle Gestaltung möglich macht. Genau so funktioniert für ihn Engagement, und genau deshalb ist auch die Bürgerstiftung wie für ihn geschaffen.

Die Bürgerstiftung: das perfekte Konzept

Dazu muss man sagen, dass die Bürgerstiftung Hellweg-Region, zu deren Gründungsmitgliedern Hermann Janning 2002 gehörte, ein besonderes Konzept hat: Sie gehört zu denjenigen, die zwar selbst auch Projekte durchführt, ihren Schwerpunkt aber darin sieht, das Engagement der Bürger in ihrer Region zu fördern. Janning war von Anfang an dabei, weil ihn dieser Ansatz sofort überzeugt hat: Den Menschen, die Ideen haben und etwas tun möchten, eine Struktur zu bieten, damit sie ihre Pläne umsetzen können – zentrale Unterstützung für dezentrale Umsetzung sozusagen. „Ich war sofort einverstanden, als Herr Wortmann mich ansprach", sagt Janning. Manfred Wortmann war Vorstandsvorsitzender der Volksbank Hellweg – einer von denen, die man kennt, wenn man Oberkreisdirektor in einer überschaubaren Gegend war. „Er hatte ein geniales Händchen, die richtigen Leute anzusprechen", lobt Janning, und gesteht: „Wir haben sehr ähnliche Ansichten." Optimale Voraussetzungen für Jannings Engagement. Die Bürgerstiftung Hellweg-Region unterstützt Projekte von der Ehrenamtsbörse bis zur Flüchtlingsberatung. Vor allem aber hat sie eine Infrastruktur für Stifter oder Gruppen von Bürgern, die eine dauerhafte Struktur suchen und ihr Engagement verstetigen möchte: Die Bürgerstiftung Hellweg-Region bietet ihnen an, die Partnerstiftung unter dem Dach der Bürgerstiftung treuhänderisch zu verwalten. Damit nimmt sie ihnen viel Papierkram ab und gibt ihnen Raum, ihre Ideen umzusetzen.

„Wir sind sozusagen eine Art Dachorganisation", sagt Janning, „und weil wir nur das Dach sind, kann sich bei uns eine Vielfalt entwickeln, die man niemals hätte planen oder vorgeben können."

Es ist nämlich nicht primär die Bürgerstiftung, die sich Projekte ausdenkt und vorschlägt, sondern die Projekte kommen von den Leuten und aus dem Leben vor Ort. „Die Leute wenden sich von sich aus an uns", sagt Janning – nicht ohne Stolz, denn es ist ein Erfolg der Öffentlichkeitsarbeit, dass die Leute die Bürgerstiftung kennen und wissen, dass sie hier um Hilfe bitten können. Manchmal schubst die Bürgerstiftung aber auch von sich aus etwas an, bei der Warsteiner Bürgerstiftung zum Beispiel. Da gab es schon einen Verein, der sich vor allem um Denkmalpflege kümmerte. „Denen haben wir vorgeschlagen, eine Partnerstiftung zu gründen und ihr Engagement zu verstetigen", sagt Janning.

Bei der Bürgerstiftung engagiert er sich als Kurator. Das beinhaltet, am Konzept mitzuarbeiten, und die Idee der Bürgerstiftung nach außen bekannt zu machen, wo es sich anbietet. Jannings Engagementschwerpunkt liegt in seinen beiden eigenen Partnerstiftungen, mit denen er bei der Bürgerstiftung im Boot ist. Die eine ist die Stiftung seines Rotary Clubs Erwitte-Hellweg. Janning hat sie initiiert, nachdem die Bürgerstiftung gegründet war. Die Stiftung rief er ins Leben weil im Club seine Freunde sind und er etwas Bleibendes daraus entwickeln wollte. „Man kann ja wohl davon ausgehen, dass der Club noch 200 oder 300 Jahre weiterexistiert", sagt er. Wenn er Recht behält, wird die Stiftung noch richtig reich, denn Janning hat dafür gesorgt, dass der Club das Stiftungsvermögen jedes Jahr um 10.000 Euro aufstocken muss. Dann wird sie über die derzeitige Ehrenamts- und Jugendanerkennung in Form von Preisen noch hinausgehen können.

Das Eingemachte: Kinderschutz

Auch die zweite Stiftung ist mit einer Freundschaft verbunden, und mit einem Thema, das Janning schon lange sehr am Herzen liegt: Kinderschutz. Dieser beschäftigt ihn seit seinen ersten Berufsjahren als Dezernent fürs Jugendamt. Das ist eine andere Welt als die Idylle, in der es in kleineren Städten so oft aussieht. Janning begegnete oder hörte von Kindern, deren Eltern zu viel Alkohol tranken, Kindern die geschlagen, missbraucht und vernachlässigt wurden, Kindern, die dringend Hilfe brauchten; auch unter den Dächern der Häuser von Bürgern, die von draußen so brav aussehen.

Es ist schwierig, Hilfe für diese Kinder zu organisieren. „Die Leute engagieren sich eher, wenn sie direkt sehen, wo etwas fehlt", sagt Janning.

„Misshandelte Kinder sind aber nicht sichtbar." Sowas gibt es doch hier bei uns nicht, kriegt er zu hören, wenn er für seine Projekte wirbt. Die Leute können sich nicht vorstellen, dass bei ihnen in Soest, von wo es nie spektakuläre Schlagzeilen gibt, Kinder misshandelt werden. Vielleicht wollen sie es auch nicht wahrhaben? Jedenfalls ist es eine Herausforderung, etwas für diese Kinder zu tun, und dies ist der Punkt, an dem Janning selbst die Strukturen mit Leben füllt, die er mitgeschaffen hat.

Seine Projekte laufen über seine Partnerstiftung „Zukunft Kind". Anstoß für die Gründung war ein Zusammentreffen im Freundeskreis: mit einem befreundeten Unternehmer aus Soest und einem beim Landschaftsverband Westfalen-Lippe tätigen Landesrat für Jugend und Schulen aus Münster. Im Gespräch stellte man fest, dass im Kreis Soest der Kinderschutzbund keinen Ableger hatte, und man beschloss, Abhilfe zu schaffen und einen regionalen Kinderschutzverein zu gründen. Mitstreiter waren danach schnell gefunden: ein Richter, engagierte Mitarbeiter aus dem Jugendamt, ein Kinderarzt, und Jannings Frau, eine Sonderpädagogin mit ebenfalls reichlich Bezug zum Thema, machte auch mit. Durch sie und ihre Erfahrungen mit geistig behinderten Kindern hat Janning seinen Blick auf das Thema noch einmal sehr erweitern können. „Darüber habe ich ganz andere Einblicke als der Normalbürger", sagt er.

Die Stiftung gründete Janning zusammen mit einem befreundeten Unternehmer, der sich auch gemeinnützig engagieren wollte. Sie bezuschusst heute die Aktivitäten des Kinderschutzbundes, beispielsweise die „Nummer gegen Kummer". Die ist seit einem Jahr geschaltet und funktioniert wie eine Art Telefonseelsorge: Kinder, die Sorgen haben und nicht mehr weiterwissen, können hier anrufen und treffen auf die geschulten Ohren ehrenamtlicher Zuhörer, die speziell für diese Tätigkeit ausgebildet wurden. Janning ist sehr glücklich über das Resultat seines Engagements und hat sich schon dem nächsten Projekt zugewandt: einer Beratungsstelle für sexuell missbrauchte Kinder. Zurzeit versucht er, dafür Geld aufzutreiben, was auf die zuvor genannten Schwierigkeiten stößt. „Die Leute spendet eher, wenn sie sehen, worum es geht, oder wenn sie direkt betroffen sind", sagt Janning. Aber unterkriegen lässt er sich ganz sicher nicht.

Die Wirkung: klein, aber real

An mindestens zwei Punkten in seinem Leben hätte Janning anders entscheiden und Politiker werden können. Wäre das nicht besser gewesen?
So lassen sich schließlich entscheidendere Weichen stellen.

„Hätten Sie mich das vor ein paar Jahrzehnten gefragt, als wir damals
unsere politischen Papiere verfassten, hätte ich Ihnen mit „Ja" geantwor-
tet und angekündigt, Abgeordneter werden zu wollen", antwortet Janning
auf diese Frage. Immerhin ist er sein Leben lang Mitglied in der CDU und
immer auch vernetzt und engagiert gewesen. Er hat viel gelernt in dieser
Zeit, findet er rückblickend – aber nicht ausreichend Wirkung erzielt. Deshalb sieht er die Sache heute anders. „Klar, meine Zukunft-Kind-Stiftung
ist natürlich ein Tropfen auf den heißen Stein", gibt er zu. Aber im Kleinen etwas zu tun, sei besser als gar nichts, und die Politik sei für ihn nie
eine Alternative zum Praktischen gewesen. „Bleiben wir mal beim Kinderschutz", sagt er, „was kann die Politik da tun? Der Kreistag kann die Ju-
gendämter besser ausstatten, klar. Dann haben wir soziale und fachliche
Profis. Aber das sind eben Jobs. Sie können das Ehrenamt und seine besondere menschliche Zuwendung nicht ersetzen. Ich glaube nicht, dass
die Versorgung bei staatlichen Überflüssen wirklich so viel besser wäre."

So versucht Janning, in seinem Umfeld möglichst viel Engagement auf
den Weg zu bringen. Neulich hat er einer Regionalzeitung ein Interview
gegeben. Darin sagt er, dass er, dankbar für seinen Wohlstand, in den
letzten 20 Jahren Wege sucht, der Gesellschaft etwas zurückzugeben.
Darauf schrieb ihm ein noch jüngerer Familienvater ähnlich engagiert:
„Das ist genau meine Situation. Ich will auch was tun!" Janning holte den
Mann in den Vorstand des Kinderschutzbundes, um sich seinen Wunsch,
sich zu engagieren, erfüllen zu können. Das ist ein typisches Beispiel für
seine Strategie, Engagement zu ermöglichen und dafür zu sorgen, dass
es eine dauerhafte und verlässliche Grundlage bekommt. Dafür engagiert
er sich persönlich und finanziell bei der Bürgerstiftung und bei seinen beiden eigenen Stiftungen. Er setzt sich so auch dafür ein, dass diese Art zu
leben und sich zu engagieren, sich in der Zukunft fortsetzt. So gesehen ist

Hermann Janning, auch wenn er der Parteikarriere fernblieb, politischer, als es auf den ersten Blick scheint.

Gudrun Sonnenberg

Die Bürgerstiftung Hellweg-Region

Die Bürgerstiftung Hellweg-Region hat ihren Sitz im nordrhein-westfälischen Soest. Wie alle Bürgerstiftungen kann sie eine Vielzahl von Stiftungszwecken verfolgen, aber nur in einem bestimmten Gebiet. Bei der Bürgerstiftung aus Soest ist dies die Hellweg-Region zwischen Ruhrgebiet und Münsterland. Initiative zeigen für das Gemeinwohl, für die Menschen in der Region: Dafür ist die Bürgerstiftung angetreten.

Gründung: Im November 2002 gründeten auf Initiative der örtlichen Volksbank 18 Privatpersonen und Unternehmen mit 61.000 Euro die Bürgerstiftung, um sich gemeinsam besser für ihre Heimatregion engagieren zu können.

Konzept und Arbeitsschwerpunkt: Die Bürgerstiftung fördert die Arbeit von gemeinnützigen Organisationen vor Ort und führt auch eigene Projekte durch. Vor allem aber legt sie Wert darauf, das Engagement von Stifterinnen und Stifter zu fördern. Die Mitglieder der Bürgerstiftung werben für die Idee des Stiftens, beraten Bürger und Organisationen, die eine Stiftung gründen wollen und verwalten deren Stiftungen partnerschaftlich unter ihrem Dach. Dabei kümmert sich die Bürgerstiftung auch darum, dass die gemeinnützigen Aktivitäten in der Region vernetzt sind. Lokales Engagement vor Ort fördern und so die Region als Ganzes voranbringen, lautet die Devise.

Struktur: Ein vierköpfiger Vorstand verantwortet die Arbeit der Bürgerstiftung. Er wird für jeweils fünf Jahre vom Stiftungskuratorium gewählt, das den Vorstand unterstützt und kontrolliert. Die Stifter und Zustifter gehören der Stiftungsversammlung an. Hier erfahren sie, woran die Bürgerstiftung arbeitet und was sie künftig vorhat. Alle Gremienmitglieder und Helfer arbeiten unentgeltlich, jeder ist willkommen mit Geld, Zeit und Ideen mitzuhelfen.

Die Bürgerstiftung Hellweg-Region in Zahlen: Heute sind unter dem Dach der Bürgerstiftung 16 Partnerstiftungen versammelt. Sie fördern Kinder- und Jugendprojekte, Bildung, Kultur, Naturschutz, Musikprojekte und vieles mehr. Das Stiftungsvermögen ist auf 4,5 Millionen Euro gestiegen und über eine Million Euro aus Stiftungserträgen und Spenden flossen bislang zur Unterstützung gemeinnütziger Zwecke in die Hellweg-Region.

Bürgerstiftung Hellweg-Region
www.buergerstiftung-hellweg.de

„Ein Zeichen, dass ich noch gebraucht werde"

Bernhard Pech, Gründer einer Stiftung bei der Bürgerstiftung Dresden

Bernhard Pech, Jahrgang 1947, ist verheiratet und Vater zweier Töchter. Der gelernte Maurer und studierte Bauingenieur wurde nach der Wende zum erfolgreichen Bauunternehmer. Unter dem Dach der Dresdner Bürgerstiftung hat Pech eine Treuhandstiftung gegründet. Ihr Schwerpunkt liegt auf der Jugendförderung.

Vor einiger Zeit fiel Bernhard Pech 4,50 Meter tief in seinem Garten aus einem Apfelbaum. Er brach sich einen Arm. Der Sturz hätte weitaus schlimmer ausgehen können, das weiß er: „Da habe ich zu meiner Frau gesagt: Das ist ein Zeichen, dass ich noch gebraucht werde." Und so sitzt der Bautzener wenige Wochen später, als wäre nichts gewesen, von der Herbstsonne leicht gebräunt, zugewandt und auskunftsfreudig in der Dresdner Bürgerstiftung. Der Mann ist ein Energiebündel und voller Geschichten. Da muss man gar nicht lange fragen oder tief bohren. Es sprudelt auch so. Er hat ja auch genügend erlebt in seinen bisher 68 Lebensjahren.

Geboren in einfachen Verhältnissen in der Oberlausitz arbeitete Bernhard Pech sich vom Maurerlehrling zum Geschäftsführer und dann zum Eigentümer eines Bauunternehmens empor. Vor drei Jahren zog er sich aus der Geschäftsführung der Firma zurück, Mitte 2015 ließ er dann ganz los und verkaufte sie an seine Nachfolger. Nun genießt er sein Leben und kümmert sich – wie er es sein Leben lang getan hat – auch um jene, denen es nicht so gut geht wie ihm.

Jemand muss an sie glauben

„Es gibt einfach Menschen, die nicht die Mittel haben, von sich aus ihr Leben zu gestalten", sagt er. In ihnen sieht Pech das Potenzial, nicht das Manko oder gar Versagen. Junge Menschen, die unter erschwerten Bedingungen durchs Leben gehen, ohne dass sie etwas dafür können; die manchmal nur etwas Unterstützung brauchen, um etwas aus sich zu machen. Und jemanden, der an sie glaubt.

Die Förderung dieser jungen Menschen ist in der Satzung einer Treuhandstiftung niedergeschrieben, die Bernhard Pech im April 2010 unter dem Dach der Dresdner Bürgerstiftung gründete. Durch die Bihms´sche Stiftung, so ihr Name, wurde er vom Sozialunternehmer zum Bürgerstifter. Das Startkapital von 450.000 Euro hat er mittlerweile auf 850.000 Euro fast verdoppelt. Außer seiner Frau und den Töchtern wissen nur wenige enge Freunde von der Stiftung. Nicht einmal seine Geschwister sind eingeweiht.

Die Erträge aus der Bihms´schen Stiftung sollen jungen Menschen, die es aufgrund ihrer Herkunft schwerer haben als andere, befähigen, „selbstbestimmt, unabhängig und selbstbewusst ihr Leben zu führen und zu gestalten". Der Stifter will sie zugleich ermutigen, solidarisch zu denken und zu handeln. So finden sich in der Satzung auch Bernhard Pechs eigene Lebensleitsätze wieder: selbstbestimmt, engagiert und solidarisch.

Der Name der Bihms´sche Stiftung ist eine Erinnerung an einen Spielkameraden aus der Kindheit – und zugleich auch ein Weg, als Stifter nicht erkennbar in Erscheinung zu treten: In Pechs Dorf wohnte ein behinderter Junge, der Pechs Vornamen Bernhard nicht aussprechen konnte und ihn Bihms nannte. Pechs Freunde schnappten das auf, „Bihms" war fortan Bernhard Pechs Spitzname. Gute Freunde nennen ihn bis heute so. Der Junge aus seiner Kindheit gehörte zu jenen Benachteiligten, die Pech am

Herzen liegen. „Mit der Stiftung kann ich mein Anliegen nach sozialer Verantwortung dauerhaft absichern", sagt er.

Bernhard Pech will seinen Einsatz für andere nicht an die große Glocke hängen. Er möchte nicht sein wie die gönnerhaften Spender, die Ruhm für ihre guten Taten suchen. Von denen kennt er genug. Selbstdarsteller sind ihm ein Graus, daran lässt er keinen Zweifel: Jene, die mit Porsches auf wohltätigen Veranstaltungen vorfahren und sich dann zieren, Geld für einen guten Zweck zu sammeln. Die klug reden, aber nicht handeln. „Engagement-Schauspieler" nennt er sie. Von ihnen grenzt er sich deutlich ab. Wohltätigkeit mit Eventcharakter ist nicht sein Ding.

Hilfe mit Bodenhaftung

Seine Hilfe hat Bodenhaftung, so wie er: Die Bihms'sche Stiftung hilft nicht mit opulenten Beträgen, aber da wo sie hilft, soll sie einen merklichen Unterschied machen. „Es geht um Menschen und es muss Sinn machen", bringt Pech sein Engagement auf den Punkt. Wie im Fall der jungen alleinerziehenden Mutter, deren Stellensuche immer wieder daran scheiterte, dass sie keinen Führerschein besaß und nicht mobil war. Die Stiftung finanzierte ihre Fahrerlaubnis und eröffnete ihr neue berufliche Perspektiven.

Die junge Mutter ist ein typisches Beispiel für Pechs Philosophie: Er will Menschen ermächtigen, aus eigener Kraft auf eigenen Füßen zu stehen: Dazu bedarf es manchmal eben nicht viel, wie zum Beispiel nur eines Führerscheins. Und dazu gehört auch das Scheitern: Im Engagement ist es wie in einem Unternehmen: Nicht alles trägt Früchte, manches hätte man in der Rückschau vielleicht anders gemacht. Das wurmt Bernhard Pech nicht. Fehler gehören zum Leben. Dann macht er es beim nächsten Mal eben anders.

Aber jeder hat eine Chance verdient – und nicht jeder bekommt seine in die Wiege gelegt. Das hat Pech schon in seiner Kindheit gelernt. Er wuchs in Cunewalde im Landkreis Bautzen auf, mit einer Schwester und zwei

Brüdern. Der Vater Maurer, die Mutter Weberin, die in Heimarbeit Geld dazu verdiente – und darauf achtete, dass immer Bücher im Haus waren. Ihr war es versagt, ihr Potenzial auszuschöpfen. „Sie war die schlaueste von uns, aber sie hatte keine Chance, beruflich mehr aus sich zu machen." Stattdessen musste sie ab dem 15. Lebensjahr arbeiten und Geld verdienen. Das hat der Sohn nicht vergessen.

Pech machte seinen Weg, wurde Maurer in eben jener Firma, die er später übernahm, studierte Ingenieurswesen und kehrte an seinen Ausbildungsort zurück. Zu DDR-Zeiten hatte Bernhard Pech keine Reichtümer zu verteilen, das hätte den sozialistischen Gedanken auch ad absurdum geführt. Damals zeigte sich sein Gemeinsinn und Engagement zuvorderst im Handeln. Der Bautzener half dort, wo er gebraucht wurde und wo er Bedarf sah. Weil es in seinem Dorf abends keinen Ort gab, an dem seine Clique sich treffen konnte, hängte er kurzerhand an den öffentlichen Bekanntmachungstafeln Schilder auf, gründete mit Gleichgesinnten einen Jugendclub, obwohl er sich zuvor mit der Staatsmacht angelegt hatte. Die DDR-Jugendorganisation FDJ verleibte sich das erfolgreiche Projekt ein – bedauerlich, aber egal, Hauptsache, die Jugendlichen hatten endlich ihren Treffpunkt. Im Studium wurde Pech zum Sprecher seiner Kommilitonen. Und auch im Betrieb machte er seinen Weg nach oben. Ohne in der Partei zu sein, wie er betont. „Ich konnte halt immer schon gut reden und die Jungen haben auf mich gehört." Pech scheint ein Macher-Gen zu haben, herumsitzen und zuschauen liegt ihm nicht. Wo es Probleme gibt, wollen sie gelöst werden, egal in welchem politischen System man sich befindet.

Gelegenheit beim Schopf ergriffen

Als die DDR zusammenbrach, ergriff er die Gelegenheit beim Schopf und beschloss, aus einem sozialistischen Baukombinat in Bautzen ein im neuen Wirtschaftssystem erfolgreiches, privatwirtschaftliches Bauunternehmen zu machen. Vor der Wende war Pech in dem Kombinat bereits zum Produktionsleiter aufgestiegen. Nun lag die Zukunft plötzlich im Ermessen der Treuhand. Bevor diese überhaupt auf die Idee kommen konnte, das gesamte Kombinat abzuwickeln, planten Pech und einige Gleichgesinnte einen ‚Putsch‘, wie er es selbst mit einem Lachen nennt: Gemeinsam lösten sie den alten Betriebsdirektor ab. Die Mitarbeiter wählten Pech zum Nachfolger und schickten den neuen Chef nach Berlin zur Treuhand, zwecks Verhandlung. Dort bewahrte Pech die Bautzener Bau-Einheit vor der Abwicklung. Bis heute weiß er exakt, wie viele Mitarbeiter „sein" Betrieb zu diesem Zeitpunkt hatte: 2.456. Etliche mussten nach der Wende gehen, aber die Bautzener überlebten als Ostsächsische Baugesellschaft OBAG. Nicht nur das, sie profitierten vom Bauboom in den neuen Bundesländern und hatten zuletzt Aufträge auch in Nord- und Westeuropa.

1992 kaufte ein französischer Konzern der Treuhand die OBAG ab. Als die goldenen Jahre in der Branche dann vorbei waren, machten die Franzosen ihrem Geschäftsführer Pech ein faires Angebot für die Übernahme der Firma, das er einfach nicht ausschlagen konnte. Auch wegen der Alternative, die die Abwicklung des Unternehmens beinhaltete und den Verlust aller Arbeitsplätze bedeutet hätte. Das war 1999. Der einstige Lehrling war Eigentümer und Chef von damals noch 150 Mitarbeitern geworden. Für Bernhard Pech eröffneten sich dadurch neue Gestaltungsräume, auch, was sein gesellschaftliches Engagement betraf.

Die Wende machte ihn zum Unternehmer, und auch in dieser Rolle hat Bernhard Pech seine soziale Verantwortung immer ernst genommen. Die OBAG unterstützt ein Waisenhaus in Rumänien, hilft bei regionalen Projekten und spendet dem örtlichen Tierheim. Eine breite Palette, die fast alles beinhaltet, „außer Sport vielleicht", sagt er. Da gebe es genügend andere, denen dieser am Herzen liege. Für all dieses Engagement wurde die OBAG als Unternehmen, das sich „in herausragender und nachahmenswerter Weise um das Gemeinwesen verdient gemacht hat", von der Initiative „Freiheit und Verantwortung" ausgezeichnet.

Pech selbst hat Förderer im Leben gehabt, in den richtigen Momenten die Beherztheit zum Handeln und manchmal auch das nötige Quäntchen Glück, wie damals, als er seine Firma kaufen konnte. Doch vor allem – so vermutet man, wenn man ihm zuhört – muss ihn seine anpackende, positive und bodenständige Natur nach vorne getrieben haben.

Engagement, das zeigt sich an Bernhard Pech deutlich, ist ja weit mehr als eine Handlung. Im Engagement spiegelt sich der Mensch mit seinen Einstellungen. Nicht ohne Grund gibt es viele Unternehmer und Unternehmerinnen unter Stiftern und Mäzenen, es sind Machertypen, die wissen, dass Dinge sich nur bewegen, wenn man sie selber anschiebt. Egal, ob es sich um einen Auftrag im Baugewerbe handelt oder die Frage, wie man Jugendliche in der Stadt von der Straße holt. Der gleiche Gestaltungswille, der Pech zum Unternehmer gemacht hat, prägt auch sein gesellschaftliches Engagement.

Das Leben hat Bernhard Pech durch politische Systeme, durch sonnige und schwierige Zeiten geführt. Geblieben ist sein Fokus auf die Hilfe am Nächsten. Mögen andere für die Semperoper oder die Frauenkirche spenden: Pechs persönliche Berufung als Stifter liegt darin, jenen, denen es nicht so gut geht wie ihm, unter die Arme greifen. „Wir haben alles, was wir zum Leben brauchen", sagt er über sich und seine Frau. „Wenn man auf der Sonnenseite des Lebens steht, ist man verpflichtet, etwas abzugeben." Aus christlicher Nächstenliebe, aus sozialer Verantwortung, aus Gerechtigkeitssinn und weil es ihm Freude bereitet, zu sehen, was seine Hilfe bewirkt. Vermutlich greift jeder Versuch, Empathie und Philanthropie auf einen Antrieb zu reduzieren, zu kurz.

Die Dresdner Bürgerstiftung bietet ihm, so sagt er, den passenden professionellen Rahmen für sein Engagement. Hier fühlt er sich gut aufgehoben und vertraut dem Rat und der Expertise des Geschäftsführers Winfried Ripp.

Dessen Team nimmt dem Stifter Bernhard Pech viele Organisations- und Managementaufgaben ab. „Das könnte ich alleine gar nicht schaffen." Noch wichtiger: Die Bürgerstiftung bietet ihm ein großes Netzwerk für seine Aktivitäten und die für seine Entscheidungen wichtigen Gespräche. Beim Modell einer Treuhandstiftung wird das eingebrachte Vermögen separat verwaltet. Die Beschlüsse über die Verwendung der Erträge fällt der Stiftungsrat. In jenem der Bihms'schen Stiftung sitzen neben Bernhard Pech und einer seiner Töchter ein Experte aus dem Bereich Jugendarbeit und Winfried Ripp.

Förderung auch im Ausland

Auch wenn die Bürgerstiftung, der Pech sein Geld anvertraut hat, regional agiert: Sein Engagement geht weit über seinen Heimatkreis hinaus. Seine Stiftung fördert Projekte in Rumänien, der Ukraine und Mosambik. Lieber vielen Menschen ein wenig unter die Arme greifen als eine Riesensumme in ein Projekt zu stecken, ist Pechs Devise.

Derzeit eröffnet sich aus aktuellen politischen Gründen allerdings wieder vor Ort ein neues Thema: Deutschunterricht für Flüchtlingskinder in der Region. Gemeinsam mit anderen Partnern der Dresdner Bürgerstiftung beabsichtigt Bernhard Pech, in Strukturen zu investieren, die diese Eingliederungshilfe auf nachhaltige Beine stellt. „Hier können wir sehr von dem Netzwerk der Bürgerstiftung profitieren", sagt Winfried Ripp. „Ein Einzelner kann bei so einem großen Thema einfach nicht so viel bewegen." Das große Leitmotiv hinter Pechs Engagement ist gleich geblieben: benachteiligten Jugendlichen auf ihrem Start ins Leben ein wenig unter die Arme greifen. Derzeit sind es eben Flüchtlingskinder, die seine Hilfe besonders nötig haben.

Es sagt einiges über Bernhard Pech aus, wie er auf die Frage antwortet, ob bürgerschaftliches Engagement nicht mehr gesellschaftliche Anerkennung verdiene. Eigentlich ist die Frage auf ihn gemünzt, doch darauf kommt er gar nicht. Vielmehr erzählt er von den vielen Engagierten bei der Freiwilligen Feuerwehr, die ihre Freizeit investieren und doch nicht richtig wertgeschätzt werden. Also noch einmal genauer gefragt: Vermisst er selbst manchmal den anerkennenden Schlag auf die Schulter; einen Dank, dass er sich für andere einsetzt?

Er verneint, vielleicht auch aus schlechter Erfahrung. Aus seiner Zeit als Unternehmer weiß er, dass Engagement auch Kritik und Neid auslösen kann. Man kennt die Vorwürfe: von „Du hast ja auch genug" bis zu „Hier will er sich wichtigmachen". Vom Engagement des Nächsten fühlt sich ja mancher unter Druck gesetzt; es hält den anderen einen Spiegel vor. Dabei ist das gar nicht Pechs Absicht. Er macht sein Ding – sollen die andere das ihre machen, oder eben auch nicht.

Winfried Ripp von der Bürgerstiftung kennt einige Stifter im Dresdner Raum, die lieber verborgen bleiben, um sich solchen Bemerkungen nicht auszusetzen. Gesellschaftliche Anerkennung als wichtige Belohnung des Engagements bleibt so verwehrt, Missgunst allerdings auch. In Bernhard Pechs Fall scheint ohnehin der eigene Seelenfrieden Ansporn genug. Den bezieht er nicht nur aus sich. Pech traut Gott und vertraut auf Gott. Nicht nur, weil der ihn mit einem Armbruch davonkommen ließ, als er von der Leiter fiel. Noch mehr spricht für sein Gottvertrauen, dass er keine Angst vor einem anderen, einem schlimmeren Ausgang gehabt hätte. Das hätte dann wohl auch seine Richtigkeit gehabt. Warum auch hadern mit dem, was geschieht? „Wenn Sie einmal erkannt haben, warum der Herrgott sie auf die Welt gesetzt hat, haben Sie ein erfülltes Leben."

Jetzt, als Pensionär, wo Pech seinen Betrieb verkauft und genug Geld hat, könnte er das Leben genießen. Ein guter Wein, ein hervorragendes Essen, ein Abend mit einem schönen Konzert: Viel mehr braucht er dazu nicht, sagt er. Er könnte auch mit seiner Frau die Welt erkunden. Neugierig ist er durchaus, räumt er ein. Aber weiter als zu den Kanaren hat er es doch noch nicht geschafft. „Länger als fünf Stunden halte ich es kaum im Flugzeug aus." Und zuhause locken dann auch noch die Semperoper und die „wunderbare Frauenkirche". Die Karten für das nächste Konzert sind bereits bestellt, erzählt Pech: „Ich habe ein paar mehr gekauft. Damit kann man immer Menschen eine Freude machen."

Petra Krimphove

Die Bürgerstiftung Dresden

Die Bürgerstiftung Dresden ist die Bürgerstiftung in der sächsischen Landeshauptstadt. Wie alle Bürgerstiftungen kann sie eine Vielzahl von Stiftungszwecken verfolgen, dies aber nur in einem bestimmten Gebiet. Unter dem Motto „Dresdner stiften Zukunft" versteht sie sich als Plattform vielfältiger gesellschaftlicher Initiativen.

Gründung: Die Bürgerstiftung Dresden wurde 1999 als erste Bürgerstiftung in einer ostdeutschen Großstadt von Dresdner Persönlichkeiten aus Kultur, Wirtschaft und Wissenschaft gegründet. Die Hamburger Körber-Stiftung stellte das Gründungskapital von seinerzeit 100.000 DM zur Verfügung.

Konzept und Arbeitsschwerpunkt: Die Bürgerstiftung fördert die Arbeit von gemeinnützigen Organisationen vor Ort und führt auch eigene Projekte durch. Vor allem aber legt sie Wert darauf, das Engagement von Stifterinnen und Stifter zu fördern und verwaltet viele Partnerstiftungen. Von Beginn an, gehört es auch zu den Hauptanliegen der Bürgerstiftung Dresden, ehrenamtliches, freiwilliges Engagement zu fördern. Zusammen mit der Landeshauptstadt hat sie die Ehrenamtspässe geschaffen, mit denen das ehrenamtliche Engagement durch kleine Vergünstigungen gewürdigt wird. Im Auftrag des Sozialministeriums vergibt die Bürgerstiftung landesweit Aufwandsentschädigungen an Ehrenamtliche.

Struktur: Ein dreiköpfiger Vorstand verantwortet die Arbeit der Bürgerstiftung. Er wird für jeweils vier Jahre vom Stiftungsrat gewählt, der den Vorstand unterstützt und kontrolliert. Die Stifter und Zustifter gehören der Stiftungsversammlung an. Hier erfahren sie, woran die Bürgerstiftung arbeitet und was sie künftig vorhat. Alle Gremienmitglieder und Helfer arbeiten unentgeltlich, jeder ist willkommen mit Geld, Zeit und Ideen mitzuhelfen.

Die Bürgerstiftung Dresden in Zahlen: Heute sind unter dem Dach der Bürgerstiftung rund 40 Partnerstiftungen versammelt. Sie fördern Studierende, den Fußballnachwuchs, Wissenschaft und Kunst, Bildung, Ökologie und Tierschutz und vieles mehr. Das Stiftungsvermögen ist auf 5,5 Millionen Euro gestiegen und mehr als 1,5 Millionen Euro aus Stiftungserträgen und Spenden flossen bislang zur Unterstützung in gemeinnützige Projekte in Dresden.

Bürgerstiftung Dresden
www.buergerstiftung-dresden.de

„Ich gehe erst, wenn was erreicht ist"

Christina Emmrich, Gründungsstifterin der Bürgerstiftung Lichtenberg in Berlin

Christina Emmrich, Jahrgang 1948, lebt in Berlin im Bezirk Lichtenberg, deren Bürgermeisterin sie bis 2011 zehn Jahre lang war. Anschließend war sie bis zu ihrem Ruhestand 2013 stellvertretende Bürgermeisterin des Bezirks. Emmrich wuchs in der DDR auf, lernte Messtechnikerin und studierte Gesellschaftswissenschaften. Sie war Mitglied der Staatspartei SED und arbeitete unter anderem als Sekretärin des Freien Deutschen Gewerkschaftsbunds. Nach der Wende engagierte sie sich in der Nachfolgepartei der SED, der PDS und ist bis heute Mitglied der Partei Die Linke. Emmrich initiierte 2007 die Gründung der Bürgerstiftung Lichtenberg.

Der Stadtbezirk, im dem sich Christina Emmrich engagiert, heißt Lichtenberg und liegt im Osten Berlins. Mit mehr als 260.000 Einwohnern ist er eine Großstadt für sich – innerhalb der Millionenmetropole. Unter den Berlinern hatte Lichtenberg lange einen eher schlechten Ruf: Im stadtnahen Teil des Bezirks war zu DDR-Zeiten die Zentrale des Ministeriums für Staatssicherheit ansässig gewesen; die Gedenkstätte Hohenschönhausen erinnert an die ehemalige Untersuchungshaftanstalt. Nach der Wende galt Lichtenberg als Hochburg der Neonazis; besonders der Kiez um die Weitlingstraße fiel jahrelang durch rechtsextremistische Aktivitäten auf. Es gibt viele Plattenbauten, und die meisten Leute haben nicht viel Geld.

Dieses negative Image lässt Christina Emmrich nicht auf sich beruhen. Sie kennt auch die schönen Seiten Lichtenbergs: die gepflegten Groß-siedlungen und ihre gut durchmischten Bewohnerschaften, die betuch-teren Wohnviertel in Alt-Hohenschönhausen und Karlshorst, den Oranke-see mit dem malerischen Strandbad oder das international renommierte Jugendtheater an der Parkaue. Lichtenberg ist lebens- und liebenswert, davon ist Christina Emmrich überzeugt. Inzwischen ist der Bezirk eine gefragte Wohnadresse. Emmrich selbst zog zu DDR-Zeiten in den Bezirk, und sie ist geblieben. Vor allem aber hat sie den Spieß umgedreht und sich eingemischt, etwa mit der Gründung der Bürgerstiftung. Vollends zu-frieden mit den Verhältnissen ist auch sie nicht – wer ist das schon –, aber Herumsitzen und Lamentieren ist nicht ihre Sache. Christina Emmrich ist ein durch und durch politisch aktiver Mensch.

Lange Jahre war sie als Mitglied der Linkspartei Bezirksverordnete, Stadt-rätin und Bürgermeisterin und hat diese Ämter genutzt, um in ihrem Wir-kungskreis Veränderungen anzustoßen. Mit zugewandter Beharrlichkeit hat sie es dabei geschafft, die verschiedensten Einflussgruppen in ihre Vorhaben einzubinden und ein Bündnis zwischen Lichtenberger Bürgerin-nen und Bürgern, Unternehmen und Verwaltung zu stiften.

Leute zusammenzubringen und sie zusammenzuhalten, ist eine der Stär-ken der 1948 geborenen Leipzigerin, die in ihrem Berufsleben zwei poli-tische Karrieren gemacht hat – eine in der DDR und eine in der Bundes-republik. Fangen wir mit der zweiten Karriere an, deren Höhepunkt sie 2002 erreichte: Christina Emmrich wurde in Berlin-Lichtenberg Bezirks-bürgermeisterin. Der Vorgänger war zum Staatssekretär in Mecklenburg-Vorpommern berufen worden, und über das Vorschlagsrecht der Links-partei kam Emmrich zum Zug. Noch im gleichen Jahr begann sie mit der Verwirklichung ihres politischen Herzensprojektes: die Verwaltung zu öff-nen und die Bürgerinnen und Bürger stärker zu beteiligen. Seitdem hat Christina Emmrich Strukturen geschaffen, die das Zusammengehörig-keitsgefühl in Lichtenberg stärken.

Ein erster Erfolg war der Bürgerhaushalt, den sie mit ihrer Verwaltung und den Bezirksverordneten auf Anregung der Bundeszentrale für politische

Bildung 2003 auf die Beine stellte. Seither können die Bürgerinnen und Bürger Vorschläge für die Haushaltsplanung einreichen und sich so direkt an der Verwendung öffentlicher Mittel beteiligen. Um kleinere Projekte zeitnah unterstützen zu können, richtete Emmrich auf Vorschlag einiger engagierter Jugendlicher 2010 die Kiezfonds ein: Das sind mit jährlich 5.000 Euro ausgestattete Töpfe für jeden der dreizehn Lichtenberger Kieze, deren Mittel von Bürgerjurys vergeben werden. Die Entscheidung über die Mittelverwendung liegt dabei gänzlich in Bürgerhand: „Bei den Kiezfonds ist es wichtig, dass man nicht wertet", so Emmrich. „Wenn die Leute eine Baumscheibe bepflanzen wollen, dann können wir als Verwaltung nicht vorschreiben, dass sie etwas anderes machen sollen." Als Politikerin ist Christina Emmrich mit ihrer Aufgeschlossenheit eine ideale Partnerin für Engagierte und Unternehmen: Sie hört zu, nimmt Anliegen an und schafft Strukturen – um dann die Gestaltungsmacht wieder abzugeben, und zwar an diejenigen, denen sie ihrer Meinung nach zukommt: an die Bürgerinnen und Bürger.

Ausgezeichnete Kontakte

Auch die Idee der Bürgerstiftung war ein Vorschlag, den Christina Emmrich in ihrer Funktion als Bezirksbürgermeisterin aufgriff. Die Berliner Volksbank eröffnete 2007 in Lichtenberg neue Filialen und der Vorstandsvorsitzende Dr. Rolf Flechsig hatte sich vorab genau über den Bezirk informiert. Ihm war der Lichtenberger Bürgerhaushalt als funktionierendes Beteiligungsinstrument bekannt, und eine Bürgerstiftung erschien ihm als eine optimale Ergänzung, um noch mehr Bürgerinnen und Bürgern die dauerhafte Mitarbeit zu ermöglichen. Als „DDR-Kind", wie sie sich selbst nennt, war Christina Emmrich mit dem Stiftungswesen wenig vertraut, aber mit der Idee für eine Bürgerstiftung auf Bezirksebene war der Volksbankvorstand an die richtige Person für die Gründung herangetreten: Christina Emmrich erwies sich als offener Geist und Macherin mit ausgezeichneten Kontakten. „Eine Idee zu entwickeln, sie umzusetzen und die Leute dafür zusammenzubringen, das liegt mir", sagt die agile Politikerin über sich selbst. „Das verbindet das Bürgermeisteramt und das Engagement für die Bürgerstiftung."

In nur zehn Monaten sammelten Christina Emmrich und ihre Mitstreiter das Gründungskapital für die Bürgerstiftung und holten die relevanten Akteure in Lichtenberg an Bord. Dazu gehörten Unternehmen wie die Wohnungsbaugesellschaft, die Wohnungsbaugenossenschaft und ein großes Privatklinikum, Schulen und Kirchen oder die im ehemaligen Ost-Bezirk traditionell starke vietnamesische Community. „Alles, was Einfluss hat, ausstrahlt und viele Menschen erreicht", so Emmrich, beteiligte sich als Gründungsstifter oder Gremienmitglied. Als Vorstandsvorsitzende gewann der Initiativkreis um Christina Emmrich und Dr. Rolf Flechsig die Zahnärztin Kirsten Falk, die in Lichtenberg eine Praxis betreibt und ehrenamtlich Obdachlose behandelt. Im Stiftungskuratorium vertreten sind unterschiedliche Einwohner- und Berufsgruppen: Rechtsanwälte, Lehrer und Unternehmensvorstände, ein Marketingexperte und die ehemalige Eisschnelllauf-Weltmeisterin Jenny Wolf als Botschafterin der Bürgerstiftung.

„Wir haben immer wieder geguckt, wo etwas zusammenpasst", schildert Emmrich die Suche nach Beteiligten, die sich mit Zeit, Geld oder Ideen engagieren. Zum Tag des Ehrenamts 2008 war es dann so weit: Die Bürgerstiftung Lichtenberg wurde gegründet, als Stiftung von Bürgern für Bürger, mit kommunaler Unterstützung. „Den Gründungsprozess hatte ich mir schwieriger vorgestellt. Aber wir hatten gute Argumente und die Gründung war in die Bezirksentwicklung hin zu mehr Bürgerbeteiligung eingebettet", bilanziert Christina Emmrich das Jahr, in dem sie initiativ für die Bürgerstiftungsidee warb.

Spielräume nutzen, die Verwaltung einbinden

Eine besondere Leistung von Christina Emmrich ist, dass sie während ihrer knapp zehn Jahre als Bürgermeisterin auch die Verwaltung für ihr Projekt der Bürgerbeteiligung gewann. Bei ihrem Amtsantritt fremdelte die Bezirksverwaltung noch mit dem Thema des bürgerschaftlichen Engagements. Doch Christina Emmrich blieb dran. Wenn sie von einer Idee überzeugt ist, dann mobilisiert sie all ihre Kräfte und die der Menschen um sie herum, bis sie am Ziel ist. „Die Kiezfonds, die wir eingerichtet haben, waren ‚nicht üblich', wie uns die Verwaltung sagte. Aber am Schluss haben alle an einem Strang gezogen und geguckt, was machbar ist", erzählt die versierte Politikerin beim Gespräch in einem Kreuzberger Multikulti-Café. Spielräume zu finden und sie zu nutzen, das habe sie in ihren beiden politischen Karrieren gelernt – in dieser Hinsicht sei sie Realpolitikerin: „Ich gleiche ab, was machbar ist, und reize das aus, ohne es zu überreizen", so Emmrich.

Für die Gründung der Bürgerstiftung nutzte sie auch die ihr unterstellten Verwaltungsstrukturen: „Den Aufruf für die Bürgerstiftung haben wir mit den Rathausnachrichten in 150.000 Haushalte verschickt", berichtet Emmrich. Auf diesem Weg gewann die Bürgerstiftung ein Dutzend Gründungsstifter und -stifterinnen, etliche Sponsoren, Spender und Ehrenamtliche. Persönlich warb Emmrich in den Stadtteilzentren um Beteiligung, in Einkaufszentren, bei Empfängen oder offiziellen Terminen – „überall dort, wo mehr als drei Leute zusammenstanden", wie sie fast verschmitzt erzählt. „Das meiste Geld haben wir über die persönliche Ansprache eingeworben", bestätigt sie. Dranbleiben, so lautet eben ihr persönliches Motto: „Man muss an der Spitze der Bewegung stehen. Das schafft Verbundenheit. Wenn ich als Bürgermeisterin einen Termin wahrnehme, dann vermittelt das, dass der Anlass wichtig ist", erklärt sie. „Wenn ich Verantwortung hatte, habe ich sie persönlich wahrgenommen: Ich war da, und das merken die Leute." Und mit ebenso viel Selbstsicherheit wie Distanz zu ihrer eigenen Person setzt die Teamplayerin hinzu: „Ich bin der Typ, der Ausdauer hat. Ich gehe erst wieder, wenn ich etwas erreicht habe."

Privat zurückgesteckt

Christina Emmrichs Beharrlichkeit ist von der menschenfreundlichen Art. Sie versteht darunter den persönlichen Einsatz und das Nutzen ihres Einflusses als Amtsträgerin, um langfristige Veränderungen zu erreichen. Dafür hat sie auch Einschnitte in ihrem Privatleben hingenommen: Erst seit sie 2013 in Rente gegangen ist, hat sie wirklich Zeit für ihre Familie. Ihr Sohn ist 1971 geboren, Christina Emmrich hat mittlerweile zwei Enkel, zehn und vier Jahre alt. „Den Großen habe ich recht wenig gesehen, muss ich sagen. Es freut mich, dass ich jetzt für beide da sein kann." Ein Wermutstropfen ist auch der frühe Tod ihres Mannes, der 2006 an Krebs gestorben ist. „Das ist das Einzige, wo ich manchmal leisen Neid spüre: wenn ich ältere Paare sehe, die noch zusammen sind", sagt sie. Und doch ist sie mit ihrem Leben zufrieden. Jetzt, wo sie mehr Freizeit hat, liest sie Krimis oder arbeitet im Garten des noch mit ihrem Mann gebauten Hauses.

Zur Ruhe gesetzt hat sich Christina Emmrich allerdings auch als Ruheständlerin nicht – 2011 musste sie ihr Amt als Bezirksbürgermeisterin abgeben und ist 2013 mit Erreichen des Rentenalters aus dem öffentlichen Dienst ausgeschieden. Doch von der Politik kann sie nicht lassen, und so ist sie seit 2014 Gemeindevertreterin in ihrem Wohnort Eiche bei Ahrensfelde. Dabei hatte Christina Emmrich ursprünglich gar nicht vor, in die Politik zu gehen. Als Arbeiterkind, dem die DDR-Universitäten offenstanden, überlegte sie, Medizin oder Sprachen zu studieren. Gelernt hat sie dann aber erst einmal Messtechnikerin, einen Beruf, der Exaktheit und Detailgenauigkeit ebenso verlangt wie Ordnung und methodisches Vorgehen. Nach ihrem Abitur 1966 lernte und arbeitete sie fünf Jahre lang in einem Metallgusskombinat in Leipzig und prüfte die Einstellung von Maschinen, die Kolben für Trabant und Wartburg fertigten. Ehrenamtlich organisierte sie Veranstaltungen für die FDJ – und wurde 1971 von der Werksleitung gefragt, ob sie sich hauptamtlich in der Politik engagieren würde. „Ich bin gefördert worden. Da hat jemand erkannt, dass ich mehr kann als nur Technikerin", betont Emmrich.

Sie besuchte erst die Bezirksparteischule und dann die Parteihochschule, wo sie für die politische Laufbahn Gesellschaftswissenschaften studierte. Von 1981 bis 1986 war sie für die SED auf Bezirksebene für Frauenfragen zuständig, und 1986 wurde sie nach Berlin berufen, ins achtköpfige Sekretariat des Freien Deutschen Gewerkschaftsbundes, wo sie als „Sekretär für Frauenfragen" für die Durchsetzung der Gleichberechtigung, Mitwirkungsmöglichkeiten, Frauenförderpläne, Arbeitsbedingungen und anderes mehr zuständig war. Kurz vor der Wende erreichte Christina Emmrichs erste Karriere ihren Höhepunkt. Sie zog mit ihrem Mann von Leipzig nach Berlin um, in einen der begehrten Neubauten in Hohenschönhausen. So kam sie in dem Stadtbezirk an, den sie künftig mitprägen sollte.

Nochmal Politikerin

Nach 1989 stürzte Christina Emmrich zwar in die Arbeits-, aber nicht in die Orientierungslosigkeit. Sie eröffnete sich neue Spielräume, indem sie eine Weiterbildung im Sozialmanagement unter anderem zur Gründung eines Vereins nutzte. Über diesen „Verein für ambulante Versorgung" schrieb sie auch ihre Abschlussarbeit und war dann zehn Jahre lang, bis 2001, seine Geschäftsführerin. Noch immer ist sie dort ehrenamtlich engagiert. Emmrich stellte den Verein so auf, dass sie die Tätigkeitsfelder von Senat, Bezirksamt und Agentur für Arbeit finanzieren lassen konnte: Die Mitarbeiterinnen und Mitarbeiter betreuten Kindertagesstätten und Stadtteilzentren, Familien und Wohnungslose. Mit zwölf Beschäftigten, alle finanziert über die Agentur für Arbeit, startete der Verein; jetzt sind es 186. Ihre eigene Stelle wurde anfangs als Arbeitsbeschaffungsmaßnahme finanziert, weitere drei Jahre nutzte sie andere Förderinstrumente – danach hatte sie sich erfolgreich neu aufgestellt.

2001, nach einem erfolgreichen Jahrzehnt in der Bundesrepublik, kehrte sie hauptberuflich in die Politik zurück. 1995 war sie bereits zur Bezirksverordneten in Lichtenberg gewählt worden, nun wurde sie zur Stadträtin für Jugend, Bildung und Sport ernannt. Weniger als ein Jahr in ihrer neuen Position beschäftigt, wurde sie bereits Bezirksbürgermeisterin und war zuständig für Finanzen, Personal und Kultur. Auch in der BRD war schnell offenbar, dass Christina Emmrich mehr konnte als ‚nur' Sozialmanagerin. Für Emmrich ist diese zweite Karriere auf eine Weise beruhigend: Sie ist ein Beleg dafür, dass sie sich als Politikerin vor allem an den Menschen und den ihnen dienlichen Strukturen orientiert, nicht an der eigenen Person oder der Staatsdoktrin. Verschiedentlich wurde ihr nach der Wende vorgeworfen, sie habe sich nicht ausreichend von der kommunistischen Ideologie distanziert. Sie sei in der DDR eine Karrieristin gewesen. Dem entgegnet sie: „Wenn ich so ideologisch wäre, würde ich mich nicht im neuen System zurechtfinden, oder?"

Gleichwohl wirkt ihr innerer Abstand zur Bundesrepublik deutlicher als der zum DDR-Staat. Denn in zentralen Punkten ist sie mit den bundesdeutschen Verhältnissen nicht einverstanden. In der DDR sei das Zusammengehörigkeitsgefühl stärker ausgeprägt gewesen: Wer etwas erreichen wollte, habe weniger Ellbogen eingesetzt, so Emmrich. Geld spiele derzeit eine zu große Rolle, „das macht mir zu schaffen". Die Wende, die sie den „Anschluss" nennt, ging ihr zu schnell: „Es war keine Zeit, etwas anderes zu versuchen, zu gucken, was gut war." Es ist ihr daher auch ein Anliegen, „das, was nicht verkehrt war, in diese Welt zu retten". Themen wie Bildung und Gesundheit sind ihr wichtig – das, wovon im Idealfall alle in einer Gemeinschaft einen Nutzen haben. Und auch wenn sich Christina Emmrich in beiden Systemen anpasste, so scheut sie sich nicht vor einer eigenen Ansicht. Die „rote Sächsin", wie eine Berliner Tageszeitung sie nannte, ist sich sicher: „Mit hat es nicht geschadet, meine Meinung zu haben."

Dass Christina Emmrich keiner von außen vorgegebenen Linie, sondern vor allem ihrem inneren Kompass folgt, zeigt sich besonders in ihrem Engagement gegen Rechtsextremismus. 2008 nahm sie mit engagierten Antifaschistinnen an einer Sitzblockade gegen eine Neonazi-Demonstration in Lichtenberg teil – und verhinderte den rechten Aufmarsch durch den Weitlingkiez. Das brachte ihr eine Strafanzeige ein; das Verfahren wurde gegen Zahlung eines Bußgeldes eingestellt. Auch diese Aktion ist Teil des langfristigen Projekts von Christina Emmrich: die lebens- und liebenswerten Seiten ihres Bezirks zu stärken und den Kräften entgegenzuwirken, die zu seiner Abwertung beitragen.

Eine Bezirksbürgermeisterin, die klar Stellung bezog gegen Rechts, war nach der Wende nötig. Das negative Image des ‚Neonazi-Stadtteils' zu verändern war ohnehin eine Herausforderung. „Es hat mehrere Jahre gedauert", erzählt Christina Emmrich. Aber das Dranbleiben ist schließlich eine ihrer Gaben. Es gelang ihr, in Stadtrundgängen und -fahrten auch für Journalistinnen und Journalisten die anderen Seiten Lichtenbergs bekannt zu machen: „Die Leute fühlen sich hier wohl", sagt sie. „Und dieses Lebensgefühl muss man rüberbringen."

Wenn man Christina Emmrich zuhört, denkt man, dass sie nicht nur dazu beigetragen hat, das Lichtenberger Lebensgefühl darzustellen, sondern dass sie ein Bewusstsein für die Zusammengehörigkeit auf vielen Ebenen erst geschaffen und ermöglicht hat. Die Bürgerstiftung Lichtenberg spielt in dieser Hinsicht eine wichtige Rolle: „Die Bürgerstiftung schafft Nachhaltigkeit, indem sie die Ansätze zur Beteiligung verstetigt", so die ehemalige Bezirksbürgermeisterin. Und sie trägt dazu bei, die positiven Seiten Lichtenbergs zu stärken, über jede kurzfristige Imagekampagne hinaus.

Als Vorstandsmitglied ist Christina Emmrich noch immer ein Teil der Bürgerstiftung – und nach wie vor ist sie dort eine treibende Kraft. Die Motivation, sich in der Bürgerstiftung zu engagieren, ist für sie dabei die gleiche wie in ihren politischen Ämtern: „Es kann nicht jeder von sich sagen, etwas Bleibendes geschaffen zu haben", so Christina Emmrich mit berechtigtem und gleichwohl bescheidenem Stolz. Sie weiß, dass sie ihre Ziele nicht allein erreicht hat, sondern dass sie den Weg zu mehr Bürgerbeteiligung im Bezirk zusammen mit vielen anderen engagierten Bürgerinnen und Bürgern beschritten hat. Im Foyer des Lichtenberger Rathauses hängt denn auch seit 2008 eine Tafel, auf der die Gründungsstifter der Bürgerstiftung aufgeführt sind – ein Zeichen öffentlicher Anerkennung, auf Dauer angelegt wie die Institution der Bürgerstiftung. Und mitten auf der Gründungstafel steht der Name Christina Emmrich.

Elena Philipp

Die Bürgerstiftung Lichtenberg

Die Bürgerstiftung Lichtenberg hat ihren Sitz im Berliner Bezirk Lichtenberg. Wie alle Bürgerstiftungen kann sie eine Vielzahl von Stiftungszwecken verfolgen, dies aber nur in einem bestimmten Gebiet. Dieses Gebiet umspannt den im Osten Berlins gelegenen Bezirk Lichtenberg mit seinen 280.000 Einwohnern. Engagement von Bürgern für Bürger leitet die Arbeit der Bürgerstiftung.

Gründung: Inspiriert von Gesprächen zwischen Bezirksamt und Berliner Volksbank entstand die Idee einer Bürgerstiftung für Lichtenberg. Der Idee folgte 2008 die Umsetzung und 20 Lichtenberger Personen und Institutionen gründeten mit 50.000 Euro die Bürgerstiftung Lichtenberg um das Gemeinwesen zu stärken und Kräfte der Innovation zu mobilisieren.

Konzept und Arbeitsschwerpunkt: Die Bürgerstiftung fördert die Arbeit von gemeinnützigen Organisationen vor Ort und führt auch eigene Projekte durch. Jährlich legt die Bürgerstiftung unter wechselnden Leitgedanken wie beispielsweise „Lebendiges Lichtenberg – hip und kreativ" den Fokus ihrer Förderungen auf bestimmte Anliegen. Vor allem junge Menschen will die Bürgerstiftung Lichtenberg mit ihrem Engagement fördern. Mit dem Wettbewerb „Lichtenberger Helden" soll das ehrenamtliche Engagement junger Menschen gewürdigt werden. Mit dem Kinder- und Jugendbeirat der Stiftung sollen junge Menschen auch mitverantwortlich in die Fördermittelvergabe eingebunden werden.

Struktur: Ein drei- bis fünfköpfiger Vorstand verantwortet die Arbeit der Bürgerstiftung. Er wird für jeweils fünf Jahre vom Stiftungskuratorium gewählt, das den Vorstand unterstützt und kontrolliert. Die Stifter und Zustifter gehören der Stifterversammlung an. Hier erfahren sie, woran die Bürgerstiftung arbeitet und was sie künftig vorhat. Alle Gremienmitglieder und Helfer arbeiten unentgeltlich, jeder ist willkommen mit Geld, Zeit und Ideen mitzuhelfen.

Die Bürgerstiftung Lichtenberg in Zahlen: Das Stiftungsvermögen ist inzwischen auf beinahe 100.000 Euro gestiegen. Rund 50.000 Euro aus Stiftungserträgen und Spenden flossen bislang zur Unterstützung gemeinnütziger Zwecke in viele kleine Projekte im Ostberliner Bezirk Lichtenberg.

Bürgerstiftung Lichtenberg
www.buergerstiftung-lichtenberg.de

TEIL 2

Bürgerstifter werden:
Wie und wo geht das?

Was genau sind Bürgerstiftungen? Zehn Merkmale beschreiben die Stiftungen von Bürgern für Bürger

Seit 20 Jahren entstehen in Deutschland Bürgerstiftungen nach dem US-amerikanischen Vorbild der Community Foundation. 1996 und 1997 nahm die Entwicklung ihren Ausgang in Gütersloh und Hannover, inzwischen gibt es 400 Bürgerstiftungen bundesweit. Der Grundgedanke einer Bürgerstiftung liegt darin, dass sich Privatpersonen, Unternehmen, Vereine und andere Organisationen gemeinsam und selbstorganisiert für das Gemeinwohl engagieren – und zwar dort, wo man lebt, arbeitet oder Geschäfte macht: in einer Stadt, einer Gemeinde, einem Kreis oder einer Region. Bürgerstiftungen haben wegen unterschiedlicher Aspekte viel Interesse und Beachtung gefunden. Beispielsweise wegen ihrer Möglichkeiten für demokratische Willensbildungsprozesse, als Reaktion auf neue gesellschaftliche Herausforderungen, als Antwort auch auf die Grenzen finanzieller staatlicher Leistungsfähigkeit, wegen der Bildung zivilgesellschaftlichen Eigenkapitals und der innovativen Verbindung der Stiftungsidee mit assoziativen, vereinsähnlichen Elementen.

Der Begriff „Bürgerstiftung" ist aus der Praxis entstanden und in Deutschland rechtlich nicht geschützt. Daher erarbeiteten die ersten Bürgerstiftungen mit den „10 Merkmalen einer Bürgerstiftung" eine Selbstdefinition, die der Arbeitskreis Bürgerstiftungen des Bundesverbandes Deutscher Stiftungen im Mai 2000 verabschiedet hat. Sie dienen auch dazu, Bürgerstiftungen von kommunalen Stiftungen abzugrenzen, die sich zwar „Bürgerstiftung" nennen, aber weniger der Förderung bürgerschaftlichen Engagements als vielmehr dem Stopfen kommunaler Haushaltslöcher dienen.

Im Unterschied zu herkömmlichen Stiftungen werden Bürgerstiftungen nicht von einer Einzelperson oder Organisation dominiert. Ihr Handeln ist zudem stets auf ein lokal oder regional bestimmtes Gebiet konzentriert. Das Stiftungskapital wird dabei von vielen Stiftern gemeinsam aufgebracht, die Erträge können in eine breite Anzahl von Förderzwecken fließen. Neben dem finanziellen Engagement fördern Bürgerstiftungen ehrenamtliches Engagement. Darüber hinaus beraten sie Menschen, die unter ihrem Dach eine eigene Stiftung gründen oder sich als Spender engagieren wollen. Bürgerstiftungen zeichnen sich durch partizipative Elemente aus, oftmals formuliert als der Dreiklang „Geld, Zeit, Ideen". Sie bieten zahlreiche Möglichkeiten bürgerschaftlichen Engagements, sei es als Stifter, als Geld- oder Sachspender, durch ehrenamtliche Mitarbeit in Gremien, Projekten und Arbeitsgruppen oder durch gute Ideen für die Arbeit der Bürgerstiftung.

Bürgerstiftungen regeln ihre interne Organisation durch die Satzung selbst. Meist legen sie einen Mindestbetrag von 500 oder 1.000 Euro fest, der gestiftet werden muss, um Mitglied der Stifterversammlung zu werden. Dort hat jedes Mitglied eine Stimme – unabhängig von der Höhe der Zustiftung. Eine dreigliedrige Organstruktur, die alle Stifterinnen und Stifter in die Bürgerstiftungsarbeit einbindet, ist bis heute prägend für viele Bürgerstiftungen: Der Stiftungsrat (meist fünf bis 15 Mitglieder), auch Kuratorium genannt, ist das Kontrollgremium. Es wird durch die Gründungsstifter konstituiert und später mittels Kooptation durch die Ratsmitglieder oder Wahl durch die Stifterversammlung ergänzt. Der Vorstand (meist drei bis sieben Mitglieder) ist das Exekutivorgan und führt die Geschäfte der Stiftung oder überträgt sie auf Dritte; er wird vom Kontrollgremium gewählt. Darüber hinaus wird die Arbeit der Bürgerstiftung häufig durch repräsentative Organe oder Arbeitsgremien ohne Entscheidungsbefugnis begleitet.

Jede Bürgerstiftung weist individuelle Merkmale auf und wird durch die handelnden Personen mitgeprägt. Auch die Größe der Stadt, die Bevölkerungs- und Vermögensstrukturen sowie lokale oder regionale gesellschaftlichen Herausforderungen haben Einfluss auf die Arbeit der Bürgerstiftung. Gleichwohl basieren die 400 deutschen Bürgerstiftungen auf dem gleichen Stiftungsmodell. Bürgerstiftungen wollen stifterisches und bürgerschaftliches Engagement vor Ort mobilisieren, fördern und bündeln. Sie ermöglichen langfristiges, auch institutionalisiertes Engagement ebenso wie zeitlich befristete oder einmalige Formen der Beteiligung. Dabei nehmen sie idealtypisch vier Hauptfunktionen wahr:

— Als Fundraiser bauen sie kontinuierlich ihr Stiftungsvermögen durch Zustiftungen auf und werben Geld zur zeitnahen Verwendung ein.

— Als Dienstleister und Partner für Stifter und Spender begleiten Bürgerstiftungen diese darin, ihre gemeinnützigen Anliegen in der Region zu verwirklichen.

— Als Förderer gestalten Bürgerstiftungen aktiv das lokale Gemeinwesen. Sie können auf den sich ändernden gesellschaftlichen Bedarf vor Ort reagieren, indem sie eigene Projekte durchführen oder Fördermittel vergeben.

— Als Lobbyisten und Stimme des Gemeinwesens vor Ort setzen sich Bürgerstiftungen für die Stärkung bürgerschaftlichen Engagements, für Eigeninitiative und Mitverantwortung ein und artikulieren wichtige bürgergesellschaftliche Themen.

Diese vier Funktionen der Bürgerstiftungen sind eng miteinander verwoben und nicht immer ganz trennscharf. Sie formulieren kein Arbeitsprogramm für die Bürgerstiftungen, sondern werden von jeder Bürgerstiftung in Abhängigkeit vom lokalen Kontext mit Leben gefüllt. Sie bieten eine nützliche Orientierung bei der Strukturierung der Stiftungsarbeit und sollten sich idealerweise gegenseitig befruchten und ineinandergreifen.

Die „10 Merkmale einer Bürgerstiftung"

Der Bundesverband Deutscher Stiftungen legt zehn Merkmale fest, die eine Bürgerstiftung kennzeichnen: „Eine Bürgerstiftung ist eine unabhängige, autonom handelnde, gemeinnützige Stiftung von Bürgern für Bürger mit möglichst breitem Stiftungszweck. Sie engagiert sich nachhaltig und dauerhaft für das Gemeinwesen in einem geografisch begrenzten Raum und ist in der Regel fördernd und operativ für alle Bürger ihres definierten Einzugsgebiets tätig. Sie unterstützt mit ihrer Arbeit bürgerschaftliches Engagement.

1. Eine Bürgerstiftung ist gemeinnützig und will das Gemeinwesen stärken. Sie versteht sich als Element einer selbstbestimmten Bürgergesellschaft.

2. Eine Bürgerstiftung wird in der Regel von mehreren Stiftern errichtet. Eine Initiative zu ihrer Errichtung kann auch von Einzelpersonen oder einzelnen Institutionen ausgehen.

3. Eine Bürgerstiftung ist wirtschaftlich und politisch unabhängig. Sie ist konfessionell und parteipolitisch nicht gebunden. Eine Dominanz einzelner Stifter, Parteien oder Unternehmen wird abgelehnt. Politische Gremien und Verwaltungsspitzen dürfen keinen bestimmenden Einfluss auf Entscheidungen nehmen.

4. Das Aktionsgebiet einer Bürgerstiftung ist geografisch ausgerichtet: auf eine Stadt, einen Landkreis, eine Region.

5. Eine Bürgerstiftung baut kontinuierlich Stiftungskapital auf. Dabei gibt sie allen Bürgern, die sich einer bestimmten Stadt oder Region verbunden fühlen und die Stiftungsziele bejahen, die Möglichkeit einer Zustiftung. Sie sammelt darüber hinaus Projektspenden und kann Unterstiftungen und Fonds einrichten, die einzelne der in der Satzung aufgeführten Zwecke verfolgen oder auch regionale Teilgebiete fördern.

6. Eine Bürgerstiftung wirkt in einem breiten Spektrum des städtischen oder regionalen Lebens, dessen Förderung für sie im Vordergrund steht. Ihr Stiftungszweck ist daher breit. Er umfasst in der Regel den kulturellen Sektor, Jugend und Soziales, das Bildungswesen, Natur und Umwelt und den Denkmalschutz. Sie wirkt fördernd und/oder operativ und sollte innovativ tätig sein.

7. Eine Bürgerstiftung fördert Projekte, die von bürgerschaftlichem Engagement getragen sind oder Hilfe zur Selbsthilfe leisten. Dabei bemüht sie sich um neue Formen des gesellschaftlichen Engagements.

8. Eine Bürgerstiftung macht ihre Projekte öffentlich und betreibt eine ausgeprägte Öffentlichkeitsarbeit, um allen Bürgern ihrer Region die Möglichkeit zu geben, sich an den Projekten zu beteiligen.

9. Eine Bürgerstiftung kann ein lokales Netzwerk innerhalb verschiedener gemeinnütziger Organisationen einer Stadt oder Region koordinieren.

10. Die interne Arbeit einer Bürgerstiftung ist durch Partizipation und Transparenz geprägt. Eine Bürgerstiftung hat mehrere Gremien (Vorstand und Kontrollorgan), in denen Bürger für Bürger ausführende und kontrollierende Funktionen innehaben."

Quelle: Verabschiedet vom Arbeitskreis Bürgerstiftungen des Bundesverbandes Deutscher Stiftungen im Mai 2000.

Ursprung der Bürgerstiftungen

Bürgerstiftungen sind eine sehr moderne Form stifterischen und ehrenamtlichen Engagements, doch können Idee und Konzepte bereits auf eine lange Tradition und erfolgreiche Geschichte zurückschauen.

Vor gut 100 Jahren erfand 1914 Frederick Goff (1858 bis 1923) in Cleveland, Ohio, USA die erste Bürgerstiftung der Welt. Er wollte mit einer unabhängigen lokalen Stiftung von Bürgern für Bürger stifterisches Engagement besser gestalten. Als Anwalt und Bankier verwaltete Goff zahlreiche Nachlässe und Treuhandstiftungen. Eigentlich eine schöne Aufgabe, doch bereiteten ihm die „toten Hände der Vergangenheit" schlaflose Nächte. So bezeichnete er die Wünsche vieler Stifter, die Jahrzehnte nach deren Tod obsolet geworden waren oder nicht mehr dem aktuellen Bedarf entsprachen. Mit der Bürgerstiftung entwickelte Goff ein ewigkeitstaugliches Stiftungsmodell. Seine Idee: Handelnde Akteure und Problemlagen vor Ort verändern sich, die Bürgerstiftung bleibt dauerhaft bestehen. Alle Bürgerinnen und Bürger können zustiften. Die orts- und sachkundigsten von ihnen stellen in den Gremien sicher, dass die finanziellen Mittel sinnvoll eingesetzt und drängende Probleme angegangen werden – auch in künftigen Generationen. 100 Jahre später verwaltet die Cleveland Foundation ein Vermögen von fast 2 Milliarden US-Dollar.

Weltweit existieren über 1.800 Bürgerstiftungen in mehr als 50 Ländern. Seit Mitte der 1990er-Jahre gibt es auch in Deutschland Bürgerstiftungen.

Stefan Nährlich,
Bernadette Hellmann,
Christiane Biedermann,
Judith Polterauer

Zehn gute Gründe, sich bei einer Bürgerstiftung zu engagieren

Menschen, die in ihrer Stadt oder Region etwas bewegen wollen, wählen immer häufiger ihre örtliche Bürgerstiftung als Partner. Bürgerstiftungen sind Ausdruck des vielfältigen Engagements von beinahe 50.000 Stifterinnen und Stiftern, Spendern und ehrenamtlich Aktiven in Deutschland. Der Erfolg hat gute Gründe: Bürgerstiftungen verbinden das ehrenamtliche Engagement eines Vereins mit dem Vermögensaufbau einer Stiftung und können so mehr erreichen. Bürgerstiftungen fördern durch ihre breiten Satzungszwecke viele gemeinnützige Anliegen oder setzen sie selbst um. So können sie Privatpersonen, Unternehmen und anderen Organisationen helfen, das für sie passende Engagement zu finden. Im Folgenden werden zehn gute Gründe, sich bei einer Bürgerstiftung zu engagieren, aufgeführt:

1. Alle gemeinnützigen Zwecke können hier verfolgt werden
   Wofür man sich steuerbegünstigt engagieren kann, ist in der Abgabenordnung geregelt. Es gibt insgesamt 25 Zwecke, die sich von der Förderung von Wissenschaft und Forschung bis zur Förderung des bürgerschaftlichen Engagements erstrecken. Diese Vielzahl von Zwecken, die sie fördern können, ist typisch für Bürgerstiftungen. Wer weiß schon, was die Zukunft bringt.

2. Engagement vor Ort, in Ausnahmefällen auch woanders
   Viele Menschen und Unternehmen wollen sich dort engagieren, wo sie leben, arbeiten oder Geschäfte machen. Bürgerstiftungen werden nur in einem bestimmten Gebiet, zum Beispiel einem Ort oder einer Region aktiv. Weil die Menschen mobil sind und neben ihrem Heimatort vielleicht auch ihre alte Universität unterstützen wollen, gibt es Ausnahmen von der Regel.

3. Alle Formen des Engagements sind möglich
   Bei einem Verein kann man nicht stiften, bei einer Stiftung sich häufig nicht ehrenamtlich engagieren. Bei der Bürgerstiftung ist beides sehr willkommen. Hier kann man sich mit Geld, Zeit oder Ideen engagieren: spontan bei einer Aktion oder nachhaltig und planvoll mit einer eigenen Stiftung, ehrenamtlich in den Gremien oder einem Projekt, regelmäßig oder einmalig. Alles ist möglich.

4. Eigene Ziele verfolgen
   Bürgerstiftungen tun nicht nur etwas für andere Menschen. Sie ermöglichen zunächst einmal anderen, selbst einfacher aktiv werden zu können. Das kann man Subsidiarität oder Hilfe zur Selbsthilfe nennen. Ob mit einem ehrenamtlichen Projekt, einer eigenen Stiftung oder einer Idee, in Bürgerstiftungen fühlen sich auch Individualisten zuhause.

5. Gemeinsam mit anderen etwas unternehmen
   Bürgerstiftungen basieren auf dem Gedanken der Kooperation. Viele tragen dazu bei, langfristig das Stiftungskapital zu vergrößern. Projekte werden von mehreren Spendern, Stiftern und Ehrenamtlichen umgesetzt. Das ergibt Sinn und macht Spaß. Für die Koordination der verschiedenen Aktivitäten sorgt der Vorstand, damit das Ganze mehr ist als die Summe seiner Teile.

6. Unterstützt von Leuten, die sich vor Ort auskennen
   In jeder Stadt gibt es Menschen, die sich engagieren wollen und Menschen oder Initiativen und Projekte, die Unterstützung brauchen. Wo erfährt man davon und wie finden die Richtigen zusammen? Da Bürgerstiftungen in der Breite fördern und über ein großes Netzwerk verfügen, sind sie ideale Ansprechpartner rund um das Thema Engagement vor Ort.

7. Bürgerengagement in Bürgerhand
   Bürgerstiftungen verwalten sich selbst und gehören sich selbst. Die Unabhängigkeit von Politik und Verwaltung, Sponsoren oder anderen

Einzelinteressen ist ein wichtiges Definitionsmerkmal. Die Eigenständigkeit ist dabei natürlich keine Absage an gute Kooperationen mit Staat und Wirtschaft. Sie ist die Voraussetzung dafür.

8. Keine Nachfolgeprobleme
Wer kümmert sich um meine Stiftung mit der gleichen Leidenschaft und Kompetenz, wenn ich das nicht mehr selbst tun kann? Viele Stiftungen bleiben aufgrund von solchen Nachfolgeproblemen hinter ihren Möglichkeiten zurück und können ihre Zwecke vor allem in schwierigen Zeiten kaum noch erfüllen. Die Bürgerstiftungen sorgen bei Bedarf für eine gut geregelte Nachfolge.

9. Vertrauen und Kontrolle
Gemeinnützige Organisationen genießen hohes Ansehen und Vertrauen in der Bevölkerung. Dazu leisten Bürgerstiftungen einen aktiven Beitrag: durch Selbstverpflichtung zur Transparenz, durch Gewaltenteilung in den Gremien mit Vorstand und Aufsichtsorgan, durch integre Persönlichkeiten. Darüber hinaus unterliegen sie der staatlichen Stiftungsaufsicht.

10. Sich nicht bei, sondern über die Bürgerstiftung engagieren
In den Vereinigten Staaten von Amerika, dem Mutterland der Community Foundations, sagt man gerne, man engagiere sich über die Bürgerstiftung für seine Stadt. Da ist etwas dran: Ziel jedes Engagements ist es ja nicht, eine Organisation groß zu machen, sondern sich ihrer zu bedienen, um sich besser für Integration oder Bildung, Kultur oder Soziales einzusetzen.

Stefan Nährlich

Bürgerstifter werden – so können Sie sich mit Geld, Zeit oder Ideen engagieren

Eine Bürgerstiftung ist eine Stiftung von Bürgern für Bürger, und das beinhaltet, dass jeder bei der Bürgerstiftung mitmachen kann. Und zwar unabhängig von Einkommen und Vermögen. Man kann kleine oder größere Summen stiften, man kann der Bürgerstiftung Geld auch als Spende zukommen lassen. Wer nicht stiften oder spenden kann oder möchte, kann sich auch mit ehrenamtlichem Einsatz – als Zeitspender – engagieren.

Geld stiften

Wer stiften will, kann dies in verschiedenen Formen tun. Bürgerstiftungen ermöglichen sogenannte zweckfreie und zweckgebundene Zustiftungen. Bei zweckgebundenen Zustiftungen können die Stifter mitgestalten und mitentscheiden. Umgesetzt wird dies in Form eines Stiftungsfonds, aber auch mit dem Instrument der Treuhandstiftung. Für alle Formen gilt: Gestiftetes Vermögen bleibt grundsätzlich unangetastet und dauerhaft erhalten. Die Zinserträge werden jährlich ausgeschüttet und fließen in die Unterstützung gemeinnütziger Projekte. Gestiftet werden können Geld, Aktien, Immobilien oder andere Vermögenswerte. Der Gesetzgeber sieht steuerliche Vergünstigen für das Stiften vor. Trotz der Niedrigzinsphase lassen sich durch gutes Vermögensmanagement immer noch Renditen erwirtschaften. Wie alle Stiftungen müssen auch Bürgerstiftungen ihr Vermögen ertragreich und sicher anlegen.

In Zukunft wird stiften eine Selbstverständlichkeit sein, hat vor wenigen Jahren eine große deutsche Unternehmensberatung in einer Studie geschrieben. Jedoch, so die Autoren, wird dies nicht mehr so häufig in Form einer rechtsfähigen Stiftung geschehen.

Denn die Gründung und Verwaltung einer Stiftung ist mit zeitlichem Aufwand und Kosten verbunden. Doch heute sind viele Stifterinnen und Stifter kostenbewusster und wollen gerade in Zeiten niedriger Zinsen für das angelegte Stiftungskapital den Aufwand niedrig halten. So viele Ressourcen wie möglich sollen der Zweckverwirklichung zugutekommen. Gleichzeitig haben viele Stifter aber auch ganz individuelle Anforderungen an ihre Stiftung. Wie kann man beides optimal zusammenbringen?

Die Lösung hierfür sind international bei den Community Foundations und auch in Deutschland bei den Bürgerstiftungen sogenannte Stiftungsfonds. Unter einem Stiftungsfonds (Achtung: nicht zu verwechseln mit der namensgleichen Form der Vermögensverwaltung) versteht man eine Zustiftung in das Grundstockvermögen einer Bürgerstiftung, die der Stifter mit einem bestimmten Namen oder Stiftungszweck verbinden kann. Stiftungsfonds bedürfen nicht der Genehmigung durch die staatliche Stiftungsaufsicht, sondern werden durch einen privatrechtlichen Vertrag zwischen Stifter und Bürgerstiftung eingerichtet. Im Unterschied zur Treuhandstiftung muss weder eine eigene Gemeinnützigkeit bei der Finanzverwaltung beantragt noch das Kapital als Sondervermögen getrennt verwaltet werden. Gemeinnützig ist der Stiftungsfonds auch, da er ein untrennbarer Teil der gemeinnützigen Bürgerstiftung ist. Der Verwaltungsaufwand für die Bürgerstiftung und den Stifter ist aber deutlich geringer als bei Treuhandstiftungen. Gleichzeitig hat der Stifter alle steuerlichen Vorteile, die der Gesetzgeber auch für rechtlich selbstständige Stiftungen und Treuhandstiftungen vorsieht. Außerdem hat der Stifter nahezu alle Gestaltungsmöglichkeiten. Stiftungsfonds gibt es in verschiedenen Formen:

Der **Stiftungsfonds ohne Zweckbindung,** der dauerhaft den Namen des Stifters tragen kann, ist durch seinen breiten Stiftungszweck flexibel. Dies ermöglicht den Gremien der Bürgerstiftung, die Erträge immer dort einzusetzen, wo sie aktuell gebraucht werden und am besten Wirkung entfalten. Aus diesem Grund richtete beispielsweise ein Unternehmer seinen Stiftungsfonds bei einer Bürgerstiftung ein. Er habe die Bürgerstiftung gewählt, „da sie beim Sammeln und Verteilen der Gelder ein breites Spektrum abdeckt", sagte er. Der Fonds solle seine Verbundenheit mit der Stadt und mit den Mitarbeitern seines Unternehmens ausdrücken und zudem den Familiennamen in der Erinnerung verankern.

Der **Stiftungsfonds mit Zweckbindung** eignet sich für Stifter, denen ein besonderes Thema, eine gemeinnützige Organisation, ihr Ort bzw. ihre Region oder ein konkretes Projekt am Herzen liegt. Besonders häufig genutzt werden die folgenden Varianten zweckgebundener Stiftungsfonds:

Beim **Stiftungsfonds mit thematischer Ausrichtung** steht nicht ein individueller Stifterwille, sondern ein Handlungsfeld wie zum Beispiel Soziales oder Bildung im Zentrum. Aus den Erträgen werden Projekte in diesen Themengebieten gefördert oder selbst von der Bürgerstiftung oder dem Stifter durchgeführt. Über die konkreten Maßnahmen entscheiden entweder die Stifter oder Zustifter, oder die Gremien der Bürgerstiftung. Eine bekannte Pop-Band beispielsweise hat einen Bildungsfonds gestiftet, um Kindern und Jugendlichen aus einkommensschwachen Familien musikalische Bildung zu ermöglichen. Die Band gab den Grundstock für den Fonds und übernahm ein Jahr lang für 20 Kinder die Patenschaft für den Musikunterricht. Viele Mitbürger aus der Stadt stifteten zu, spendeten gebrauchte Instrumente oder übernahmen als Paten die Kosten für den Unterricht eines Kindes.

Die wohl bekannteste Form ist der **Stiftungsfonds mit Verfügungsrecht,** international als donor-advised fund bezeichnet. 1931 erstmals von einer US-amerikanischen Bürgerstiftung eingerichtet, räumt er dem Stifter das Recht ein, über die konkrete Verwendung der Erträge jährlich im Rahmen der vereinbarten Zwecke des Stiftungsfonds zu entscheiden. Auch in Deutschland gibt es bei vielen Bürgerstiftungen solche Fonds. Nicht selten werden mit ihnen maßgeschneiderte Lösungen für den oder die Stifter entwickelt. Ein Beispiel hierfür ist der Stiftungsfonds, der junge Menschen mit Migrationshintergrund dabei hilft, sich in das Schulsystem zu integrieren. Das spezielle Projekt hat die Bürgerstiftung entwickelt. Unterstützt wird die Arbeit des Fonds durch das Engagement der Stifterfamilie.

Der **Stiftungsfonds mit Empfängerbenennung** ermöglicht Stiftern, bestimmte gemeinnützige Organisationen dauerhaft zu fördern. Meist werden ein oder zwei Begünstigte benannt, denen die Erträge regelmäßig zufließen. Solche Stiftungsfonds werden auch oft durch Testament eingerichtet, wie beispielsweise der Fonds, dessen Erträge je zur Hälfte der Arbeit der Musikschule sowie der Förderung bedürftiger Kinder an einer Schule im Ort zugutekommen. International werden von den Community Foundations häufig sogenannte memorial funds eingerichtet, die einerseits dem Andenken an verstorbene Familienmitglieder dienen und anderseits gemeinnützige Anliegen dauerhaft fördern.

Beim **Stiftungsfonds gemeinnütziger Organisationen** ist eine gemeinnützige Organisation selbst der Stifter. Vereinen, die dem Gebot der zeitnahen Mittelverwendung unterliegen, bietet der Stiftungsfonds eine sehr gute Möglichkeit, Vermögen zu bilden. So können beispielsweise größere Erbschaften an einen Verein dauerhaft gesichert werden. Die Erträge aus dem Fonds kommen der gemeinnützigen Organisation selbst zugute. Ein Museumsverein richtete beispielsweise einen Stiftungsfonds ein, um seine Sammlung auch langfristig instandhalten zu können. Aus den Erträgen konnten bereits zahlreiche Exponate instandgesetzt und weitere angeschafft werden. Eine „ideale Symbiose" nennt die Vorsitzende des Museumsvereins die Zusammenarbeit mit der Bürgerstiftung.

Ein **regionaler Stiftungsfonds** wird eingerichtet, um eine bestimmte Gemeinde oder Region innerhalb eines größeren Einzugsgebietes einer Bürgerstiftung zu fördern. Denn viele Bürger möchten sicherstellen, dass ihr zugewendetes Geld auch ihrem unmittelbaren Lebensumfeld zugutekommt. Häufig entscheidet ein eigenständiges Gremium vor Ort, wofür die Mittel verwendet werden. Oftmals erfolgen auch Fundraising und Öffentlichkeitsarbeit vor Ort. Die Zunahme regionaler Fonds zeigt, dass die Kräftebündelung funktioniert, wenn beide Seiten profitieren und die lokale Autonomie erhalten bleibt.

Stiftungsfonds sind immer dann der einfachste Weg zur eigenen Stiftung, wenn man mit seinem Engagement innerhalb der Zwecke der Bürgerstiftung und innerhalb der regionalen Grenzen der Bürgerstiftung bleiben will. Ein Stiftungsfonds zur Förderung von Kultur in einem Stadtteil oder zugunsten einer gemeinnützigen Organisation im Ort lässt sich problemlos realisieren. Will man sich auch außerhalb des Wirkungsbereiches der Bürgerstiftung engagieren, ermöglicht dies oft eine entsprechende Ausnahmeregelung in der Satzung.

Andernfalls bietet sich die **Treuhandstiftung** als Instrument an. Strenggenommen sind Treuhandstiftungen keine zweckgebundenen Zustiftungen in das Grundstockkapital einer Bürgerstiftung, sondern bilden ein eigenständiges Sondervermögen. Die Treuhandstiftung ermöglicht dem Stifter weitere Gestaltungsoptionen, verursacht jedoch auch größeren Aufwand. Dazu gehören beispielsweise die Satzungserstellung, die getrennte Vermögensverwaltung und die Steuererklärungen. Wer seine Treuhandstiftung unter dem Dach der Bürgerstiftung gründet, kann dabei auf deren Hilfe zählen. Die steuerlichen Vergünstigungen für den Stifter sind identisch mit denen des Stiftungsfonds.

Geld spenden

Bürgerstiftungen ermöglichen sogenannte zweckfreie und zweckgebundene Spenden, regelmäßige Spenden und projektbezogene Zuwendungen. Das gespendete Geld muss innerhalb von zwei Kalenderjahren nach dem Jahr der Zuwendung für die gemeinnützigen Zwecke, wie sie in der Satzung der Bürgerstiftung festgelegt sind, vollständig ausgegeben werden. Gespendet werden können Geld, aber auch Aktien, Immobilien oder andere Vermögenswerte. Diese müssen dann ebenfalls zeitnah verwendet werden, was im Falle einer Immobilienspende deren Verkauf erfordert. Der Gesetzgeber sieht steuerliche Vergünstigen für das Spenden vor.

Spenden einzuwerben, gehört zu den Finanzierungsoptionen und zur Alltagspraxis von Bürgerstiftungen; nicht zuletzt, um trotz der niedrigen Zinserträge ausreichend Mittel für ihre Arbeit zu erwirtschaften. Viele Spendenfonds haben eine ähnliche Zielsetzung wie Stiftungsfonds. Sie können die zugeführten Gelder jedoch im Rahmen der zeitnahen Mittelverwendung vollständig ausgeben. Auch Kombinationen aus Stiftungen und Spenden sind möglich und in bestimmten Fällen sinnvoll. Spenden kann man in vielen Varianten:

Viele Bürgerstiftungen werben systematisch Projektspenden ein, um gemeinsam mit anderen Akteuren lokale Probleme zu lösen. Oft laden sie bereits während der Entwicklung neuer Projekte Privatpersonen und Unternehmen ein mitzufördern. Bei anderen Projekten geht die Initiative von einzelnen oder mehreren Stiftern aus und die Bürgerstiftung unterstützt diese Vorhaben beispielsweise durch Spendenaktionen oder das Netzwerk ihrer Stifter und Partner.

Bürgerstiftungen können über anlassbezogene Spendenfonds schnell und unbürokratisch Unterstützung leisten, zum Beispiel bei Unglücks- oder Notfällen oder bei besonderen gesellschaftlichen Herausforderungen. Als 2013 Flüsse in vielen Regionen Deutschland über die Ufer traten und teils schwere Schäden verursachten, richteten mehrere Bürgerstiftungen umgehend Spendenfonds ein und unterstützten dadurch sowohl Betroffene als auch Helfer. Auch als 2015 viele Menschen nach Deutschland flüchteten, waren die Bürgerstiftungen helfend zur Stelle. Ermöglicht haben dies Bürgerinnen und Bürger, die die Arbeit der Bürgerstiftungen langfristig, aber auch spontan finanziell unterstützen. Anlässe zum Geben sind oft außerdem Geburtstage und Jubiläen, die häufig zum Spenden an die Bürgerstiftung genutzt werden.

Thematische Spendenfonds bieten die Möglichkeit, mit einer einzelnen Spende dazu beizutragen, langfristig die Unterstützung für ein bestimmtes Anliegen zu sichern. Solche Fonds bestehen dauerhaft oder für mehrere Jahre und ermöglichen es beispielsweise Lehrern und Erziehern, bei Bedarf Mittel für die gezielte Lern- und Sprachförderung, gesunde Mahlzeiten, Unterstützung in einzelnen Schulfächern, Kultur und Sportförderung oder Arbeitsmaterialien für bedürftige Schüler abzurufen. Um einem etwaigen Missverständnis vorzubeugen: Die Mittel des Fonds werden regelmäßig verbraucht und neue Spenden füllen den Fonds wieder auf. Daher gibt es keine Probleme mit der zeitnahen Mittelverwendung, die für Spenden vorgeschrieben ist.

Wer regelmäßig einen kleineren Betrag geben will, kann dies bei vielen Bürgerstiftungen über die Freundeskreise tun. Den Bürgerstiftungen helfen die Einnahmen von solchen Dauerspendern aus den Freundeskreisen, die Kontinuität ihrer Arbeit zu stärken und besser vorausplanen zu können. Außerdem pflegen viele Freundeskreise den Austausch unter ihren Mitgliedern. Ähnlich funktionieren die Patenschaften, über die Spender konkrete Projekte für einen bestimmten Zeitraum unterstützen können. Sie erhalten eine Urkunde, werden öffentlich gewürdigt und regelmäßig über die Aktivitäten der Stiftung informiert.

Neben Geldspenden sind auch Sachspenden oder gespendete Dienstleistungen üblich. Ein Webdienstleister kann beispielsweise kostenlos den Internetauftritt der Bürgerstiftung erstellen und pflegen, ein Unternehmen seine Produkte für ein Projekt der Bürgerstiftung zur Verfügung stellen. Ein besonders interessantes und großzügiges Bespiel gibt ein süddeutscher Erfinder. Er stellt der Bürgerstiftung direkt einen Teil seiner Lizenzeinnahmen aus seiner Erfindung zu Verfügung. Auch andere Vermögenswerte können gespendet (oder gestiftet) werden.

Wer mit der Bürgerstiftung in seinem Ort Kontakt aufnehmen will, dem bietet sich oftmals die Möglichkeit, dies zusammen mit einer Spende zu tun. Spendenaktionen mit Erlebnischarakter verbinden Spaß und Engagement für gute Zwecke miteinander. Solche Aktivitäten heißen beispielsweise Bürgerparty oder Bürgerbrunch. Beim Bürgerbruch wird eine lange Tafel in der Innenstadt aufgebaut, an der viele Menschen gegen eine Spende an die Bürgerstiftung miteinander frühstücken können. Bei der Bürgerparty feiert, isst und trinkt man zusammen, genießt das Programm und hofft auf einen Gewinn bei der Tombola. Da Sponsoren für die Finanzierung sorgen, kommen Eintrittsgelder und Spenden der Bürgerstiftung und ihren Projekten zugute.

Um mit einer Spende (oder Zustiftung) auch noch andere zum Stiften und Spenden motivieren zu können, ist ein sogenannter Matching-Fund das richtige Instrument. Die Idee: Man gibt eine bestimmte Summe unter der Voraussetzung, dass innerhalb einer bestimmten Zeit noch einmal die gleiche Summe von anderen Personen oder Institutionen zusammenkommt.

Ob das Geld einem konkreten Projekt oder dem Kapital der Bürgerstiftung zugutekommt ist natürlich freigestellt. Ebenso sind der Kreativität keine Grenzen gesetzt, wenn es um die Summe geht: ob der Matching-Fund zu jedem gespendeten Euro einen oder zwei Euro dazugibt oder die Höhe des Matching-Funds sich am 60. Geburtstag (6.000 Euro) oder 100-jährigen Firmenjubiläum (100.000 Euro) orientiert. Ein solches Vorgehen ist immer mit einer hohen öffentlichen Wahrnehmung verbunden, was nicht automatisch bedeutet, dass der Initiator des Matching-Funds genannt werden muss.

Zeit stiften

Wer anderswo Ehrenamtlicher oder bürgerschaftlich Engagierter genannt wird, heißt bei den Bürgerstiftungen in Deutschland häufig Zeitstifter. Zeitstifter engagieren sich in Gremien, Büros und Geschäftsstellen von Bürgerstiftungen oder eigenen und Förderprojekten der Bürgerstiftungen.

Bürgerstiftungen fördern das bürgerschaftliche Engagement und ermöglichen so die gesellschaftliche Mitwirkung und Teilhabe von Bürgerinnen und Bürgern. Sie bieten die Möglichkeit, sich in der Bürgerstiftung direkt als Zeitstifter zu engagieren, stärken aber auch das Engagement durch die Ehrung von Engagierten vor Ort, die Vermittlung von Engagement-Interessierten oder Fortbildungsprogramme für die örtliche Vereinsarbeit.

Deutschlandweit engagieren sich über 15.000 Menschen als Ehrenamtliche für Bürgerstiftungen. Die rund 5.500 Mitglieder im Vorstand oder Aufsichtsorgan kümmern sich um Fördermaßnahmen und die Entwicklung von Projekten, betreiben Öffentlichkeitsarbeit und werben um neue Stifter, Spender und Ehrenamtliche. Knapp 10.000 Engagierte sind direkt in den Projekten aktiv oder helfen bei Verwaltungsaufgaben in den Büros und Geschäftsstellen der Bürgerstiftungen. Die Anzahl der Aktiven in den einzelnen Bürgerstiftungen variiert stark: Zwischen zehn und 400 sind derzeit ehrenamtlich in einer Bürgerstiftung engagiert, durchschnittlich aber etwa 40 Personen.

Nicht selten unterstützen auch die Arbeitgeber Engagierte der Bürgerstiftung, indem sie kleinere Engagement-Aktivitäten während der Arbeitszeit zulassen oder sie stunden- oder tageweise freistellen. Die Motive für das Engagement sind facettenreich. Lebensfreude, Spaß haben und der Wunsch mit anderen Menschen zusammenzukommen, gehört ebenso dazu wie das Interesse, Gesellschaft mitzugestalten, anderen zu helfen oder auch Qualifikationen zu erwerben. Mit ihrem breiten Stiftungszweck und den verschiedenen Engagementmöglichkeiten bieten Bürgerstiftungen vielfältige Gelegenheiten für Menschen, selbst aktiv zu sein oder in bestehenden Projekten mitzumachen.

Ideen stiften

Geld und Zeit bewirken ohne gute Ideen noch nicht viel. Schon der römische Philosoph Seneca wusste: „Man irrt, wenn man glaubt, dass Schenken eine leichte Sache sei. Es hat recht viel Schwierigkeiten, wenn man mit Überlegung geben und nicht nach Zufall und Laune verschleudern will."

Viele Bürger engagieren sich bei ihrer Bürgerstiftung im Ort oder der Region mit eigenen Ideen oder lassen sich von Beispielen inspirieren. Sie fördern Projekte, von denen sie erfahren haben oder gründen eigene Stiftungen, um ihre Ideen zu realisieren. Knapp die Hälfte der Förderausgaben geben Bürgerstiftungen für die Umsetzung von Projektideen im Bereich Bildung und Erziehung aus, jeweils rund 15 Prozent in den Bereichen Soziales, Kunst und Kultur und anderes, sowie 7 Prozent für Gesundheit und Sport. Bürgerstiftungen fördern sowohl eigene, sogenannte operative Projekte, als auch die anderer gemeinnütziger Organisationen.

Wie entwickeln Bürgerstiftungen eigene Projekte und wie finden sie Förderprojekte? Wie kommen gute Ideen, Geld und Zeit zusammen?

In den 20 Jahren, in denen es Bürgerstiftungen in Deutschland gibt, haben sich zwei Ansätze zur Auswahl von Förderprojekten etabliert: Manche Bürgerstiftungen schreiben jährlich Förderwettbewerbe unter einer bestimmten thematischen Ausrichtung aus und verbinden so die finanzielle Förderung mit öffentlichkeitswirksamen Elementen eines Wettbewerbs. Eine unabhängige Jury aus Fachleuten und Vertretern der Bürgerstiftung entscheidet über die Gewinner. Andere Bürgerstiftungen fördern im Rahmen ihrer breiten Stiftungszwecke und ermöglichen ein oder mehrmals im Jahr Anträge von gemeinnützigen Organisationen aus dem Ort bzw. der Region. Sofern nicht die Gremien der Bürgerstiftung selbst über die Anträge entscheiden, werden Förderkommissionen eingesetzt. Diesen gehören meist auch externe Fachleuten an.

Eigene, operative Projekte, welche die Bürgerstiftung mit ihren Ehrenamtlichen selbst umsetzt, werden oftmals in den Gremien und Arbeitsgruppen der Bürgerstiftung entwickelt und dann vom Vorstand oder Stiftungsrat beschlossen. Auch hier sind Ideenstifter, also Menschen, die in Lösungsansätzen für gesellschaftliche Probleme denken, besonders gefragt. Sie bringen sich in Arbeitsgruppen der Bürgerstiftung ein oder wirken in Gremien mit. So finden Ideen aus anderen gemeinnützigen Bereichen, aus Unternehmen oder Verwaltungen Eingang in die Projektentwicklung und Umsetzung von Bürgerstiftungen. Ein schöner Nebeneffekt ist, dass der fachliche Austausch unter den Bürgerstiftungen dazu führt, dass gute Ideen sich weiterverbreiten.

Stefan Nährlich,
Bernadette Hellmann,
Christiane Biedermann,
Judith Polterauer

Gibt es bei uns eine Bürgerstiftung?

Der Bürgerstiftungsfinder unter www.aktive-buergerschaft.de/buergerstiftungsfinder ist das deutsche Pendant zum Community Foundation Locator (USA) und zum Community Foundation Finder (Kanada). Nach Eingabe Ihrer Postleitzahl finden Sie die nächste Bürgerstiftung im Umkreis von 30, 50 oder 100 Kilometern. Verzeichnet sind Bürgerstiftungen, deren Satzung den zehn Merkmalen einer Bürgerstiftung des Bundesverbands Deutscher Stiftungen entspricht. Angezeigt werden Kontaktadressen, Finanzdaten und Presseartikel zu den Bürgerstiftungen in Deutschland. Damit setzen die Bürgerstiftungen ein Zeichen für mehr Transparenz im Stiftungsbereich.

Im Bürgerstiftungsfinder finden Sie auch die aktuellen Internetadressen der nachfolgend hier aufgeführten Bürgerstiftungen in Deutschland (Stand 30.6.2016):

Aachen: Bürgerstiftung Lebensraum Aachen
Achern: Bürgerstiftung Achern und der Region
Achim: Bürgerstiftung Achim
Ahlen: Bürgerstiftung Ahlen
Ahrensburg: BürgerStiftung Region Ahrensburg
Aichach: Bürgerstiftung Aichach
Albbruck: Bürgerstiftung Albbruck
Alfeld: BürgerStiftung Alfeld
Algermissen: Bürgerstiftung Algermissen
Altenburg: Bürgerstiftung Altenburger Land
Arnsberg: BürgerStiftung Arnsberg
Ascheberg: Bürgerstiftung Ascheberg
Aßlar: Bürgerstiftung Aßlar
Augsburg: Bürgerstiftung Augsburg „Beherzte Menschen"
Augsburg: Gemeinschaftsstiftung „Mein Augsburg"

Aulendorf: Bürgerstiftung Aulendorf
Backnang: Bürgerstiftung Backnang
Bad Aibling: Bürgerstiftung Bad Aibling und Mangfalltal
Bad Bentheim: Bürgerstiftung Bad Bentheim
Bad Dürrheim: Bürgerstiftung Bad Dürrheim
Bad Ems: Bürgerstiftung Bad Ems
Bad Essen: Bürgerstiftung Bad Essen
Bad Honnef: Bürgerstiftung Bad Honnef
Bad Lippspringe: Stadt Stiftung Bad Lippspringe
Bad Nauheim: Bürgerstiftung – Ein Herz für Bad Nauheim
Bad Oldesloe: Bürger-Stiftung Stormarn
Bad Reichenhall: Bürgerstiftung Berchtesgadener Land
Bad Reichenhall: Bürgerstiftung Traunsteiner Land
Bad Säckingen: Bürgerstiftung Bad Säckingen
Bad Tölz: Bürgerstiftung Bad Tölz
Bad Urach: Bürgerstiftung Bad Urach
Baden-Baden: Bürgerstiftung Baden-Baden
Ballrechten-Dottingen: Bürgerstiftung Ballrechten-Dottingen
Balve: Bürgerstiftung Balve
Bergen: Bürgerstiftung Region Bergen
Bergisch Gladbach: Bensberger Bürgerstiftung
Bergisch Gladbach: Bürgerstiftung für Bergisch Gladbach
Berlin: Bürgerstiftung Berlin
Berlin-Neukölln: Bürgerstiftung Neukölln
Berlin-Treptow-Köpenick: Bürgerstiftung Treptow-Köpenick
Berlin-Lichtenberg: Bürgerstiftung Lichtenberg
Bernkastel-Kues: Bürgerstiftung Bernkastel-Kues
Biberach an der Riß: Bürgerstiftung Biberach
Biblis: Bürgerstiftung Biblis
Bielefeld: Bielefelder Bürgerstiftung
Bienenbüttel: Bürgerstiftung für die Gemeinde Bienenbüttel
Billerbeck: Bürgerstiftung Billerbeck
Blankenhain: Bürgerstiftung Blankenhain
Böblingen: Bürgerstiftung Böblingen
Bockenem: Bürgerstiftung Bockenem/Ambergau
Böhmenkirch: Bürgerstiftung Böhmenkircher Alb

Borgentreich: Bürgerstiftung Gliedervermögen Bühne

Borken: Stiftung Aktive Bürger Borken, Stadtlohn und Umgebung

Borkum: Borkum-Stiftung

Bornheim: Bornheimer Bürgerstiftung „Unsere Kinder – unsere Zukunft"

Bottrop: Bottroper Bürgerstiftung

Bovenden: Bürgerstiftung Bovenden

Bramsche: Bürgerstiftung Bramsche

Brandenburg an der Havel: Bürgerstiftung Brandenburg an der Havel

Bräunlingen: Bürgerstiftung Bräunlingen

Braunschweig: Bürgerstiftung Braunschweig

Breckerfeld: Bürgerstiftung Breckerfeld

Bremen: Bürgerstiftung Bremen

Bremen-Hemelingen: Stadtteil-Stiftung Hemelingen

Bremerhaven: Bürgerstiftung Bremerhaven

Breuberg: Bürgerstiftung Breuberg

Brilon: Briloner Bürgerstiftung

Bruchsal: BürgerStiftung Bruchsal

Brüggen an der Leine: Bürgerstiftung Brüggen (Leine)

Bückeburg: Bürgerstiftung Schaumburg

Büren: Bürgerstiftung Büren

Burgrieden: Bürgerstiftung Burgrieden

Bürstadt: Bürgerstiftung Bürstadt

Calw: Bürgerstiftung Calw

Castrop-Rauxel: Bürgerstiftung AGORA für die Region Ruhrgebiet

Celle: Bürgerstiftung Celle

Chemnitz: Bürgerstiftung für Chemnitz

Cloppenburg: Bürgerstiftung Cloppenburg

Coesfeld: Bürgerstiftung Coesfeld

Cottbus: Bürgerstiftung Cottbus und Region

Damme: Dammer Bürgerstiftung

Dannenberg (Elbe): Bürgerstiftung Stadt Dannenberg (Elbe) und Umgebung

Delbrück-Westenholz: Bürgerstiftung Westenholz

Delmenhorst: Delmenhorster Bürgerstiftung

Detmold: Bürgerstiftung Detmold

Diepholz: Agenda 21 – Stiftung in Diepholz

Dinkelsbühl: Bürgerstiftung Dinkelsbühl
Ditzingen: Bürgerstiftung Ditzingen
Donaueschingen: Bürgerstiftung Donaueschingen
Dormagen: Bürgerstiftung Dormagen
Dortmund: Dortmund-Stiftung
Dresden: Bürgerstiftung Dresden
Dülmen: Bürgerstiftung Dülmen
Düren: Bürgerstiftung Düren
Düsseldorf: BürgerStiftung Düsseldorf
Dußlingen: Bürgerstiftung Dußlingen
Eberbach: Bürgerstiftung Eberbach
Eberswalde: Bürgerstiftung Barnim Uckermark
Eitorf: Eitorf-Stiftung – Bürgerstiftung
Elsfleth: Bürgerstiftung Wesermarsch
Emstek: Bürgerstiftung Gemeinde Emstek
Engelskirchen: Bürgerstiftung der Gemeinde Engelskirchen
Engen: Bürgerstiftung Engen
Eppstein: Bürgerstiftung Eppstein
Erftstadt: Bürgerstiftung Erftstadt
Erfurt: BürgerStiftung Erfurt
Erlangen: Bürgerstiftung Erlangen
Erwitte-Bad Westernkotten: Bad-Westernkotten-Stiftung
Eschborn: Bürgerstiftung Vordertaunus
Eschwege: Bürgerstiftung Werra-Meißner
Espelkamp: Bürgerstiftung Espelkamp
Essingen: Bürgerstiftung Essingen
Eutin: Bürger-Stiftung Ostholstein
Fellbach: Bürgerstiftung Fellbach
Feucht: Bürgerstiftung Feucht
Filderstadt: Bürgerstiftung Filderstadt
Flein: BürgerStiftung Flein
Frankfurt am Main: Stiftung Citoyen – aktiv für Bürgersinn
Freiburg: Freiburger Bürgerstiftung
Freising: Bürgerstiftung Freising
Fürstenberg: Bürgerstiftung Kulturerbe Himmelpfort
Fürstenfeldbruck: Bürgerstiftung für den Landkreis Fürstenfeldbruck

Fürth: Bürgerstiftung Fürth

Furtwangen: Bürgerstiftung Furtwangen

Ganderkesee: BürgerStiftung Ganderkesee

Garmisch-Partenkirchen: Mehrwert. Die Bürgerstiftung im Landkreis Garmisch-Partenkirchen

Geislingen an der Steige: Bürgerstiftung Geislingen an der Steige

Gelsenkirchen: Bürgerstiftung Gelsenkirchen

Gelsenkirchen-Hassel: Bürgerstiftung „Leben in Hassel"

Gernsheim: Bürgerstiftung der Schöfferstadt Gernsheim

Gescher: Bürgerstiftung in der Glockenstadt Gescher

Gießen: Bürgerstiftung Mittelhessen

Gomaringen: Bürgerstiftung Gomaringen

Göppingen: Hohenstaufenstiftung – Bürgerstiftung

Göttingen: Bürgerstiftung Göttingen

Greifswald: Bürgerstiftung Vorpommern

Gronau-Epe: Bürgerstiftung Gronau

Gröningen: Bürgerstiftung Gröningen

Großenlüder: Bürgerstiftung Großenlüder

Günzburg: Bürgerstiftung Landkreis Günzburg

Gütersloh: Bürgerstiftung Gütersloh

Haan-Gruiten: Bürgerstiftung für Haan & Gruiten

Halle (Saale): Bürgerstiftung Halle

Haltern am See: Bürgerstiftung ‚Halterner für Halterner'

Hamburg: BürgerStiftung Hamburg

Hannover: Bürgerstiftung Hannover

Hannover-Bothfeld-Vahrenheide: Stadtteilstiftung Sahlkamp-Vahrenheide

Hanstedt: Bürgerstiftung Hanstedt

Havixbeck: Bürgerstiftung Havixbeck

Heidelberg: Bürgerstiftung Heidelberg

Heilbronn: Heilbronner Bürgerstiftung

Helmstedt: Bürgerstiftung Ostfalen – für die Region Elm-Lappwald

Hemmingen: Bürgerstiftung Hemmingen

Henstedt-Ulzburg: Bürgerstiftung Henstedt-Ulzburg

Herdecke: Bürgerstiftung Herdecke

Herdwangen-Schönach: Bürgerstiftung Herdwangen-Schönach

Herford: Herforder Bürgerstiftung
Herrenberg: Bürgerstiftung Herrenberg
Herrsching: Bürgerstiftung Landkreis Starnberg
Hersbruck: Bürgerstiftung Hersbruck
Herten: Hertener Bürgerstiftung
Hildesheim: BürgerStiftung Hildesheim
Hirschberg an der Bergstraße: Bürgerstiftung Hirschberg an der Bergstraße
Hof: Bürgerstiftung Hof
Holdorf: Bürgerstiftung Holdorf
Holzkirchen: Bürgerstiftung Holzkirchen
Höxter: BürgerStiftung Höxter
Hude (Oldenburg): Bürgerstiftung Hude
Hüfingen: Hüfinger Bürgerstiftung
Hürth: Bürgerstiftung Hürth
Ibbenbüren: Bürgerstiftung Tecklenburger Land
Isernhagen: Bürgerstiftung Isernhagen
Jena: Bürgerstiftung Jena
Jüchen: Bürgerstiftung Jüchen
Juist: Juist-Stiftung
Kaarst: Bürgerstiftung Kaarst
Kaltental-Blonhofen: Bürgerstiftung Ostallgäu
Kamen: Bürgerstiftung Förderturm Bönen
Karben: Bürgerstiftung Unser Karben
Karlsruhe: Bürgerstiftung Karlsruhe
Kassel: Bürgerstiftung für Stadt und Landkreis Kassel
Kehl: Bürgerstiftung Kehl
Kelkheim: Bürgerstiftung Kelkheim
Kernen im Remstal: BürgerStiftung Kernen i.R.
Kirchzarten: Bürgerstiftung Kirchzarten
Klingenmünster: Bürgerstiftung Pfalz
Koblenz: KoblenzerBürgerStiftung
Köln: Bürgerstiftung Köln
Köln-Kalk: Stiftung KalkGestalten
Köln-Ehrenfeld: BürgerStiftung Ehrenfeld
Köln-Mülheim: Stiftung LebenMülheim

Köln-Porz: Porzer Bürgerstiftung
Königs Wusterhausen: Bürgerstiftung Königs Wusterhausen
Königswinter: Bürgerstiftung Königswinter
Konstanz: Bürgerstiftung Westlicher Bodensee
Konz: Konzer-Doktor-Bürgerstiftung
Korschenbroich: Bürgerstiftung für Korschenbroich
Krefeld: Bürgerstiftung Krefeld
Kressbronn am Bodensee: Bürgerstiftung Kressbronn a.B.
Kronach: Bürgerstiftung Historisches Kronach
Lahr: Bürgerstiftung für die Region Lahr, Ettenheim, Gengenbach, Herbolzheim, Hohberg und Zell
Lahr: Stiftung Bürger für Lahr
Laichingen: Bürgerstiftung Laichinger Alb
Lampertheim: Bürgerstiftung Lampertheim
Landshut: Bürgerstiftung Landshut
Langen: Bürgerstiftung Langen
Langenargen: Bürgerstiftung Langenargen
Langenhagen: Bürgerstiftung Langenhagen
Lauenburg (Elbe): Bürgerstiftung Region Lauenburg
Laupheim: Laupheimer Bürgerstiftung
Leinfelden-Echterdingen: Bürgerstiftung Leinfelden-Echterdingen
Leipzig: Stiftung Bürger für Leipzig
Lengerich: Bürgerstiftung Gempt
Leonberg-Warmbronn: Bürgerstiftung Warmbronn
Leopoldshöhe: Bürgerstiftung Leopoldshöhe
Leutenbach: Bürgerstiftung Leutenbach
Leutkirch: Bürgerstiftung Leutkirch im Allgäu
Lilienthal: Bürgerstiftung Lilienthal
Linden: Lindener Bürgerstiftung
Lingen (Ems): Lingener Bürgerstiftung
Lohmar: BürgerStiftungLohmar
Lohne: Lohner Bürgerstiftung
Lörrach: Bürgerstiftung Lörrach
Lüchow: Bürgerstiftung Lüchow
Lüdinghausen: Bürgerstiftung Lüdinghausen
Ludwigshafen: BürgerStiftung Ludwigshafen am Rhein

Magdeburg: Bürgerstiftung Magdeburg

Mainz: Bürgerstiftung Rheinhessen

Mainz: Mainzer Bürgerstiftung

Mannheim: Bürgerstiftung Mannheim

Marienheide: Marienheider Bürgerstiftung

Meckenheim: Bürgerstiftung Meckenheim

Meerbusch: Bürgerstiftung Wir für Meerbusch

Menden: Mendener BürgerStiftung

Meppen: Emsländische Bürgerstiftung

Meschede: Bürgerstiftung Meschede

Mindelheim: Bürgerstiftung Mindelheim

Mölln: Gemeinschaftsstiftung Mölln

Monheim am Rhein: Monheimer Bürgerstiftung „Minsche vür Minsche"

Mosbach: Bürgerstiftung für die Region Mosbach

Mössingen: Bürgerstiftung Mössingen

Mudau: Bürgerstiftung Mudau

Mühlacker: Bürgerstiftung Mühlacker

Mühlhausen: Bürgerstiftung Unstrut-Hainich

Mülheim an der Ruhr: Bürgerstiftung Mülheim an der Ruhr

München: Bürgerstiftung München

Münster: Bürgerstiftung für Münster

Münster: Stiftung Bürger für Münster

Murrhardt: Bürgerstiftung Murrhardt

Mutterstadt: Bürgerstiftung Mutterstadt

Nagold: Urschelstiftung Bürger für Nagold

Neuenkirchen-Vörden: Bürgerstiftung Neuenkirchen-Vörden

Neukirchen-Vluyn: Bürgerstiftung Neukirchen-Vluyn

Neumarkt in der Oberpfalz: Bürgerstiftung Region Neumarkt

Neunkirchen-Seelscheid: Bürgerstiftung Seelscheid

Neuss: Bürgerstiftung Neuss – Bü.NE

Nidderau: Bürgerstiftung Nidderau

Niederkassel: Bürgerstiftung „Wir für Niederkassel"

Niedernhausen-Oberjosbach: Bürgerstiftung Oberjosbach

Nienburg: Bürgerstiftung im Landkreis Nienburg

Nindorf: Bürgerstiftung Nindorf

Norden (Ostfriesland): Bürgerstiftung Norden

Norderney: Bürgerstiftung Norderney
Nordheim: Bürgerstiftung Nordheim
Nördlingen: Bürgerstiftung Lebendiges Bayerisches Ries
Nordstemmen-Rössing: Bürgerstiftung Rössing
Nordwalde: Bürgerstiftung Bispinghof Nordwalde
Nottuln: Bürgerstiftung Nottuln
Nürnberg: Bürgerstiftung Nürnberg
Nürtingen: Bürgerstiftung Nürtingen und Umgebung
Oberndorf am Neckar: Bürgerstiftung Oberndorf a.N.
Obersulm: Bürgerstiftung Obersulm
Oldenburg: Oldenburgische Bürgerstiftung
Olfen: Bürgerstiftung „Unser Leohaus" Olfen
Oranienburg: Bürgerstiftung Oranienburg
Ortenberg: Gertrud-von-Ortenberg Bürgerstiftung
Ortenberg-Lißberg: Bürgerstiftung Ortenberg-Lißberg
Osnabrück: Bürgerstiftung Osnabrück
Ostfildern: BürgerStiftung Ostfildern
Ovelgönne: Bürgerstiftung Ovelgönne
Overath: Bürgerstiftung Overath
Paderborn: Bürgerstiftung Paderborn
Parchim: Parchimer Bürgerstiftung
Peine: Bürgerstiftung Peine
Pettendorf: Bürgerstiftung Pettendorf
Pforzheim: Bürgerstiftung Pforzheim-Enz
Pfullendorf: Bürgerstiftung Pfullendorf
Pfungstadt: Bürgerstiftung Pfungstadt
Plüderhausen: BürgerStiftung Plüderhausen
Quakenbrück: StadtStiftung Quakenbrück
Quedlinburg: Bürgerstiftung für Quedlinburg
Radeberg: Bürgerstiftung Radeberg
Radolfzell: Bürgerstiftung Radolfzell
Raesfeld: Bürgerstiftung Raesfeld-Erle-Homer
Rastatt: Bürgerstiftung Rastatt
Rathenow: Bürgerstiftung für die Region Rathenow
Ratingen: Dumeklemmer-Stiftung Ratingen
Ratzeburg: Bürgerstiftung Ratzeburg

Ravensburg: Bürgerstiftung Kreis Ravensburg

Ravensburg: Bürgerstiftung Oberschwaben

Reken: Reken-Stiftung

Remagen: Bürgerstiftung Remagen

Remseck am Neckar: Bürgerstiftung Remseck

Rendsburg: Bürgerstiftung Region Rendsburg

Reutlingen: Bürgerstiftung Reutlingen

Rheda-Wiedenbrück: Bürgerstiftung Rheda-Wiedenbrück

Rheinbach: Bürgerstiftung Wir für Rheinbach

Rheinfelden: Bürgerstiftung Rheinfelden (Baden)

Rheinstetten: Bürgerstiftung Rheinstetten

Rielasingen-Worblingen: Bürgerstiftung Rielasingen-Worblingen

Rietberg: Bürgerstiftung Rietberg

Rommerskirchen: Bürgerstiftung Rommerskirchen

Rosdorf: Bürgerstiftung Rosdorf

Rosendahl: Bürgerstiftung Rosendahl

Rosenheim: Bürgerstiftung Rosenheim

Rosenheim: Bürgerstiftung Rosenheimer Land

Rösrath: Bürgerstiftung Rösrath

Rostock: Hanseatische Bürgerstiftung Rostock

Rottenburg am Neckar: Bürgerstiftung Rottenburg am Neckar

Rottweil: Bürgerstiftung Rottweil

Saalfeld: BürgerStiftung Landkreis Saalfeld-Rudolstadt

Salzgitter: Bürgerstiftung Salzgitter

Salzkotten: Bürgerstiftung Salzkotten

Sassenberg: Bausteine Bürgerstiftung Sassenberg

Sauerlach: Bürgerstiftung Sauerlach

Schieder-Schwalenberg: Bürgerstiftung Schwalenberg

Schönebeck: Bürgerstiftung Salzland – Region Schönebeck

Schöneiche: Bürgerstiftung Schöneiche bei Berlin

Schorndorf: Bürgerstiftung Schorndorf

Schwabach: Bürgerstiftung Unser Schwabach

Schwäbisch Hall: Schwäbisch Haller Bürgerstiftung

Schwaikheim: Bürgerstiftung Schwaikheim

Schwelm: BürgerStiftung Lebendiges Schwelm

Schwerte: Bürgerstiftung Rohrmeisterei Schwerte

Seelze: Bürgerstiftung Seelze
Seeshaupt: Bürgerstiftung Seeshaupt
Selm: Bürgerstiftung Stadt Selm
Sendenhorst: Bürgerstiftung Sendenhorst Albersloh
Siegen: Bürgerstiftung Siegen
Sindelfingen: Bürgerstiftung Sindelfingen
Soest: Bürgerstiftung Hellweg-Region
Spaichingen: Bürgerstiftung Spaichingen
Sparneck: Bürgerstiftung Sparneck
St. Georgen: Bürgerstiftung St. Georgen
Stadtlohn: Bürgerstiftung Westmünsterland
Staufen im Breisgau: Bürgerstiftung Staufen i.Br.
Steingaden: Bürgerstiftung Steingaden
Steinheim am Albuch: Bürgerstiftung Steinheim am Albuch
Steinheim (Westfalen): Bürgerstiftung Steinheim
Stendal: Altmärkische Bürgerstiftung Hansestadt Stendal
Stolberg (Rheinland): Bürgerstiftung Stolberg (Rhld.)
Straubenhardt: Bürgerstiftung Straubenhardt
Stuttgart: Bürgerstiftung Stuttgart
Südlohn: Bürgerstiftung Südlohn-Oeding
Sundern: Bürgerstiftung Sundern
Syke: Bürgerstiftung Syke
Taunusstein: Bürgerstiftung „Unser Land! Rheingau und Taunus"
Taunusstein: Bürgerstiftung Taunusstein
Tettnang: Bürgerstiftung Menschen für Tettnang
Thale: Bürgerstiftung Thale
Titisee-Neustadt: Bürgerstiftung Titisee-Neustadt
Tübingen: Bürgerstiftung Tübingen
Tuttlingen: Tuttlinger Bürgerstiftung
Uedem: Bürgerstiftung Uedem
Unna: Bürgerstiftung Unna
Unterhaching: Bürgerstiftung Lebenswertes Unterhaching
Vechta: Bürgerstiftung Vechta
Versmold: Bürgerstiftung Versmold
Viernheim: Bürgerstiftung Viernheim
Vreden: Bürgerstiftung Vreden

Waldenbuch: BürgerStiftung Waldenbuch
Wallenhorst: Bürgerstiftung Wallenhorst
Waltrop: Bürgerstiftung EmscherLippe-Land
Wangen im Allgäu: Bürgerstiftung Wangen im Allgäu
Warburg: Bürgerstiftung Warburg
Warendorf: Bürgertiftung Warendorf – Bürger für Warendorf
Wasserburg: Bürgerstiftung Wasserburg
Weil am Rhein: Bürgerstiftung Weil am Rhein
Weimar: Bürgerstiftung Weimar
Weingarten (Württemberg): Bürgerstiftung Weingarten/Württemberg
Weinheim: Bürgerstiftung Weinheim
Weinstadt: Bürgerstiftung Weinstadt
Wermelskirchen: Bürgerstiftung Remscheid
Wesel: Bürgerstiftung Rhein-Lippe
Wesseling: Bürgerstiftung Wesseling
Wetzlar: Bürgerstiftung Wetzlar
Wiesbaden: Die Wiesbaden Stiftung
Wiesloch: Bürgerstiftung Wiesloch
Windhagen: Bürgerstiftung Windhagen
Winnenden: Bürgerstiftung Winnenden
Winsen (Luhe): Bürgerstiftung Winsen (Luhe)
Wipperfürth: Bürgerstiftung „Wir Wipperfürther"
Wismar: Bürgerstiftung der Hansestadt Wismar
Wittenberg: Bürgerstiftung Lutherstadt Wittenberg
Wittingen: Bürgerstiftung Wittingen
Wölfersheim: Bürgerstiftung Wölfersheim
Wolfsburg: Bürgerstiftung Wolfsburg
Würzburg: Bürgerstiftung Würzburg und Umgebung
Zetel: Bürgerstiftung Varel und Friesische Wehde
Zittau: Bürgerstiftung Zivita

Über die Herausgeber und Autoren

Über die Stiftung Aktive Bürgerschaft

Über die Herausgeber und Autoren

Dr. Stefan Nährlich ist Wirtschaftswissenschaftler und Geschäftsführer der Stiftung Aktive Bürgerschaft. Er arbeitet seit 25 Jahren über bürgerschaftliches Engagement und gemeinnützige Organisationen. Nebenher lehrt er in einem Weiterbildungsstudiengang an der Universität Münster. Kontakt: stefan.naehrlich@aktive-buergerschaft.de

Gudrun Sonnenberg ist Politologin und Journalistin. Sie arbeitet in Berlin als Autorin, Redakteurin und Dozentin. In der Stiftung Aktive Bürgerschaft leitet sie die Redaktion des Nachrichtendienstes bürgerAktiv und porträtiert regelmäßig engagierte Bürger und ihre Projekte. Kontakt: gudrun.sonnenberg@aktive-buergerschaft.de

Christiane Biedermann ist Programm-Leiterin Bürgerstiftungen der Stiftung Aktive Bürgerschaft.

Dr. Peter Hanker ist Sprecher des Vorstandes der Volksbank Mittelhessen eG und ehrenamtlich Vorstandsvorsitzender der Stiftung Aktive Bürgerschaft.

Bernadette Hellmann ist Programm-Leiterin Bürgerstiftungen der Stiftung Aktive Bürgerschaft und bis 2018 für einen Auslandsaufenthalt beurlaubt.

Georg Kasch ist Kulturjournalist und arbeitet in Berlin.

Dr. Petra Krimphove ist Journalistin und arbeitet in Berlin und Washington.

Elena Philipp ist Programm-Managerin der Stiftung Aktive Bürgerschaft.

Judith Polterauer ist Leiterin Umfragen und Analysen der Stiftung Aktive Bürgerschaft.

Über die Stiftung Aktive Bürgerschaft

Die gemeinnützige Stiftung Aktive Bürgerschaft ist das Kompetenzzentrum für Bürgerengagement der Volksbanken Raiffeisenbanken. Unter dem Motto „Gutes besser tun" macht die Stiftung Aktive Bürgerschaft innovative Engagementkonzepte praxistauglich und setzt sie mit Partnern bundes- oder landesweit um. Sie unterstützt die 400 Bürgerstiftungen bei Managementaufgaben, Projekten und der Gewinnung von Stiftern und Aktiven. Mit dem Service-Learning-Programm sozialgenial bietet sie außerdem ihr Know-how Schulen an, um junge Menschen frühzeitig an ehrenamtliches Engagement heranzuführen.

    www.aktive-buergerschaft.de

Der Programmbereich Bürgerstiftungen:

MitStiften: Portal für Interessierte, Stifter und Ehrenamtliche
    www.aktive-buergerschaft.de/buergerstiftungen

CampusAktiv – Austausch und Weiterbildung für Bürgerstiftungen
    www.aktive-buergerschaft.de/campusaktiv

Förderpreis Aktive Bürgerschaft
    www.aktive-buergerschaft.de/foerderpreis

Report Bürgerstiftungen. Fakten und Trends
    www.aktive-buergerschaft.de/reportbuergerstiftungen

Kampagne Bürgerstiftungen
    www.aktive-buergerschaft.de/volksbanken

Publikationen
    www.aktive-buergerschaft.de/shop

Informiert bleiben: bürgerAktiv – Nachrichtendienst Bürgergesellschaft

bürgerAktiv informiert elfmal im Jahr über die bundesweit wichtigsten Ereignisse und Entwicklungen des bürgerschaftlichen Engagements in Deutschland.

Alle Meldungen sind redaktionell bearbeitet. Unsere Leser sind rund 18.000 ehren- und hauptamtliche Fach- und Führungskräfte in Gesellschaft, Politik, Staat, Wirtschaft und Wissenschaft.
www.aktive-buergerschaft.de/buergeraktiv